ESSENTIAL 커뮤니케이션 스킬

서현경 지음 | 서현령 감수

양성원

들어가며

"당신은 의사소통에 자신이 있나요?"라는 물음에 그렇다고 자신 있게 답하는 사람은 드물다. 태어나면서부터 늘 해오던 의사소통이지만 성인이 되어 나이 들어갈수록 더 어렵게 느껴지는 것이 사람 간의 소통이다. 국내 취업사이트에서 조사한 결과에 의하면 직장인들의 65.7%는 불편한 인간관계 때문에 퇴직한다고 하였다. 또한 미국 하버드대학교 의과대학 정신과 교수 로버트 월딩어(Robert Waldinger)가 75년간의 연구 결과를 통해 좋은 인간관계를 만드는 것이 '인생에서 행복을 결정하는 중요한 요소'라고 정의한 것을 보면, 행복한 삶을 위해 갈등을 줄이고 양질의 인간관계를 만드는 것은 아무리 강조해도 지나침이 없다.

그러나 사람은 혼자 살아갈 수 없는 존재이기도 하지만 자기중심적인 속성을 가지고 있기도 하다. 이러한 속성이 사람 사이의 갈등을 유발하고 벽을 만들어 수많은 인간관계에서 어려움을 만들어 낸다. 이러한 인간관계의 불편한 상황에서 생겨나는 화, 분노, 적개심 등의 부정적인 감정은 그러한 감정을 느끼는 것 자체가 잘못된 것이 아니라 그 감정을 잘 다스리고 표현하는 것이 인간관계뿐만 아니라 자아존중감에도 영향을 미치게 된다. 자신의 감정을 잘 알아차리고 다스릴 줄 알며 잘 표현하는 사람은 보다 행복한 인간관계를 만들 수 있게 되어 그 과정을 통해 기쁨과 행복감을 느끼고 발전하고 성장하게 된다. 이는 보다 건강한 자아의식을 갖는 것뿐만 아니라 타인과의 소통에 있어서도 타인의 가치를 소중히 여기는 마음자세로 발전할 수 있다.

따라서 이 책에서는 자신에 대한 긍정적이고 건강한 자기의식을 갖는 것을 토대로 효과적인 의사소통 능력, 즉 자신의 의도와 감정을 스스로 잘 이해하고 있으며 이를 대상자와 상황에 맞게 잘 표현하여 전달할 수 있는 능력을 갖추는 것을 목표로 구성하고자 하였다.

1~4장까지는 자신을 이해하고 자신에 대한 긍정적인 정서를 토대로 자아존중감을 갖추는 데 중점을 두어 구성하였으며, 5~7장은 의사소통의 가장 핵심이자 기본이 되는 잘 듣고 잘 표현하는 자세와 방법에 대해 기술하였다. 이를 통해 의사소통에 있어서 적극적 경청의 의미를 익히고 직접 연습해 봄으로써 바람직한 의사소통을 위한 요소들을 인식하고 익힐 수 있게 되기를 바란다. 8~10장은 상황별 의사소통의 스킬을 정리한 것으로 사회인으로서 필요한 내용들을 담으려 하였다. 이 내용들은 취업과 취업 후의 대인관계에서 유용하게 사용될 것이라 믿는다. 마지막 장인 12장, 스트레스 관리에서는 자신을 조절하는 구체적 방법을 제시하여 다른 사람들과 조화롭게 살아가는 데 있어 꼭 필요한 역량을 익히는 것으로 마무리를 하였다. 이 책과 함께하는 시간을 통해 인간관계에서 의사소통의 중요성을 인식하고, 자신의 의사소통 방법과 자세를 활동을 통해 찾아봄으로써 작은 변화의 기쁨을 맛볼 수 있기를 바란다.

끝으로 이 책을 쓰는 동안 끊임없는 지지와 현실적으로 아낌없는 도움을 주신 서현상담심리센터 서현령 대표님께 진심으로 감사의 마음을 전하고 싶다. 그 세심한 말 한마디 한마디가 큰 용기와 에너지가 되어 이 모든 것들을 해낼 수 있었다. 또한 묵묵히 도움을 주었던 남편과 러닝메이트가 되어 준 사랑스러운 딸에게도 감사와 사랑의 말을 함께 전하고자 한다.

저자 서현경

차 례

Chapter 01

자기 이해

CHAPTER 01

자기 이해

학습목표

1. 나의 특징과 선호 대상 이해를 통해 흥미와 가치관을 살핀다.
2. 나의 경험 이해를 통해 자기존중감을 키운다.

사람은 다른 사람과의 관계를 통해 자신을 이해하고 재정립해 나간다. 가족, 학교, 사회 속 타인들과 수많은 인간관계를 형성하고 유지해 나가면서 심리적으로 성장해 나가는 것이다. 이러한 인간관계를 맺고 상호작용을 함에 있어 의사소통은 필수적인 도구라 할 수 있다. 의사소통은 둘 이상의 사람 사이에서 각자 갖고 있는 정보와 생각, 감정, 느낌 등을 서로 주고 받는 과정이나 행위를 의미(신명선 외, 2016)하는데, 각기 다른 개성을 지닌 타인이 만나 소통을 하기 위해서는 타인에 대한 이해뿐만 아니라 자기 자신에 대한 올바른 인식이 필요하다.

자신의 감정과 욕구, 동기를 아는 것은 타인을 이해하고 소통하는 데 있어 기초가 된다. 예를 들어, 자신이 현재 기쁜 감정을 느끼고 표현한다고 할 때 무엇 때문에 기쁨을 느끼는지 이해한다는 것은 나 자신이 무엇에 영향을 받고 그로 인해 어떤 생각을 하며 기쁨을 표현하게 되었는지를 알 수 있는 것이다.

그러나 우리는 인간관계에서 자신을 인식하지 못하고 소홀히 하는 경우가 대부분이다. 누구나 자신을 잘 알고 있는 것 같지만 실제로는 타인보다 자신을 모르는 경우도 많다. 자기를 이해하는 것은 현재 자신의 감정 상태와 욕구, 동기 등을 알아차리는 것이고, 과거의 경험이 현재에 어떻게 영향을 미치는지 이해하고 있다는 것을 의미한다.

따라서 이 장에서는 자신에 대해 이해하고 지나온 삶을 돌아보는 시간을 갖게 될 것이다. 자신의 특징과 선호하는 것, 자신의 지난 삶 등을 정리함으로써 자신의 성향과 가치관, 강점과 약점 등을 파악하게 된다. 이러한 과정은 스스로에 대한 '자기 존중감(self esteem)'을 키우게 되는 계기가 되며, 이는 타인과의 소통에 있어서도 타인의 가치를 소중히 여기는 마음자세로 발전될 수 있다.

자신을 잘 이해하고 정리하기 위해서는 자신의 모든 것을 최대한 꾸밈없이 세세하고 솔직하게 적어보고 표현하는 것이 좋다. 자신이 좋아하는 것과 싫어하는 것, 강점과 약점, 지금까지의 성공 경험과 실패 경험, 무엇에 이끌리는지 등을 구체적으로 정리해 보면 자신을 객관화하여 바라볼 수 있다. 또한, 자신의 행동과 의사결정의 패턴과 그 원인을 알아차릴 수 있고 추구하는 가치를 이해하게 된다. 그러한 작업을 통해 자신을 알게 되고 찾게 되며 직접적으로 만나게 되는 것이다.

1. 생물학적인 나

1) 나의 외형적 특징

- 자신의 얼굴을 관찰하고 그려 본다.

- 얼굴, 머리카락, 손가락, 피부, 성별, 눈 색깔 등 나의 외형적 특징에 대하여 다음의 질문에 답하고 이유를 써본다.

질문	답과 이유
가장 자신 있는 부분은?	
덜 만족스럽지만 그래도 만족하는 부분은?	
더 아름답게 가꾸고 싶은 부분은?	

신체적 자기(physical self)에 대한 지각은 개인의 신체를 어떻게 인식하고 지각하느냐에 따라 자기개념 또는 자기 존중감에 직접적인 변화를 줄 수 있는 변인이다(오강수 · 김수민, 2015). 자신의 신체, 즉 외형적 특징을 어떻게 생각하는지에 따라 자신에 대한 긍정적 혹은 부정적 자기 인식에 영향을 미치게 되는 것이다.

자신의 모습을 그리고 나서 다시 바라보았을 때 어떠한 느낌이 드는지 적어보자. 나는 나를 어떻게 받아들이고 있는지, 나는 타인에게 어떻게 인식되기를 바라는지 등을 생각해 보고 다음에 느낀 점을 적어 본다.

- 나는 나의 외형적 특징에 대해 어떻게 생각하는가?

- 나는 타인에게 어떻게 인식되기를 바라는가?

2) 내가 좋아하는 대상

- 내가 좋아하는 대상 혹은 행동

- 내가 좋아하는 사람의 유형

- 내가 싫어하는 사람의 유형

- 내가 존경하는 사람과 그 이유

지금까지 내가 관심을 가지고 좋아하는 대상, 일, 행동은 무엇이 있을까? 우선 내가 지니고 있는 옷, 책, 가방 등 나의 물건들을 살피면서 나의 기호를 파악해 볼 수 있다. 그러한 방식으로 내가 좋아하는 흥미나 취미, 그리고 특기 등을 파악할 수 있게 된다.

내가 좋아하는 사람, 싫어나는 사람을 파악하면서 자신의 취향, 더 나아가 가치관을 살필 수 있다. 싫어하는 사람의 유형을 물었더니 '예의 없는 사람'이라고 대답하는 한 학생이 있었다. '혹시 본인은 예의를 중시하나요?' 했더니 격하게 공감하며 자신도 잘 몰랐는데 그 것이 자신에게 중요한 가치인 것 같다고 대답했다. 존경하는 사람 또한 같은 맥락으로 이해할 수 있는데 '존경하는 사람'은 앞으로 자신이 일하고 싶은 분야의 사람일 수도 있고 자신의 가치관을 표현하는 사람일 수도 있다.

정리된 생각, 새롭게 깨달은 점

2. 나의 경험 이해

1) 나의 행복 경험

내 인생에서 최고의 순간(행복했던, 기뻤던 순간)을 찾아본다.

	상황	이유
1		
2		
3		
4		
5		

2) 칭찬이나 인정을 받은 경험

지금까지 누군가에게 칭찬을 받았거나 인정을 받은 경험을 찾아보자. 상을 받은 기억, 자격증을 딴 경험, 새로운 것을 배워서 해냈거나 성취한 경험을 찾아 떠올려 보자(허희영, 2009).

- 어린 시절

1. ______________________________

2. ______________________________

3. ______________________________

- 중고등학교 시절

1. ______________________________

2. ______________________________

3. ______________________________

● 20대 이후

1. ____________________

2. ____________________

3. ____________________

3) 힘들었던 경험

삶은 동전의 양면과 같다. 동전을 보자. 아름다운 그림이 있는 앞면이 있고, 숫자가 써져 있는 뒷면이 있다. 앞면은 이상과 같고 뒷면은 현실을 말해 준다. 삶도 마찬가지이다. 모든 순간은 동전처럼 양면을 가지고 있다. 밝음과 어두움은 늘 함께 공존한다. 나의 실패 경험 혹은 힘들었던 경험을 떠올려 보고 그 상황이 어떻게 어려움으로 남아 있는지 생각해 본다. 또한 그 상황에서 어떻게 대처했는지, 만약 시간을 돌린다면 어떻게 대처하고 싶은지 적어 본다. 한편으로 그 힘들었던 상황은 그저 내가 힘들게 기억하고 있는 것일 수도 있다. 그 상황이 나에게 도움이 되는 면은 없는지도 함께 생각해 본다.

	상황	이유	대처 방법	더 나은 대처 방법 / 나에게 도움이 되는 점
1				
2				
3				
4				
5				

영화 '인사이드 아웃(Inside out, 2015, 제작 픽사)'에 보면 '핵심 기억'이라는 것이 나온다. 극중 주인공인 라일리의 감정들 중 '슬픔이'가 실수로 핵심 기억을 무의식에 빠뜨리게 되고, 그 핵심 기억이 없으면 뒤죽박죽되기에 그것을 찾기 위해 '슬픔이'와 '기쁨이'가 기억 저장 공간을 헤매며 이야기가 전개된다. 라일리가 주로 사용했던 감정은 '기쁨이'였다. '기쁨이'는 그동안 라일리의 '주감정(주로 사용하는 감정)'이어서 늘 가운데서 주도적으로 모든 것들을 제어했고 '슬픔이'가 활약하는 것을 막으려 애를 썼다. 하지만 슬픔이 또한 라일리에게 꼭 필요한 감정이자 그를 통해 라일리가 성장할 수 있다는 것을 깨닫게 되고 '슬픔이'를 인정하고 받아들이면서 그토록 그리던 일상으로 되돌아올 수 있게 된다.

사람의 기억은 현재와 미래에 영향을 미치게 된다. 수많은 경험들 속에서 특별하게 기억되는 어떠한 것은 행복한 기억으로 남아 에너지를 주는 자원이 되고 어떠한 기억은 걸림돌처럼 작동되기도 한다. '자기만의 기억이 있는 사람은 온 세상을 가진 사람보다 더 부유하다(Kierkegaard Rettig, 2016)'는 말이 있다. 내 인생의 특별한 장면으로 남아 있는 기억을 떠올려 보고 그 기억들은 현재 자신에게 어떠한 영향을 미치고 있는지 살펴보자.

정리된 생각, 새롭게 깨달은 점

3. 나에 대한 종합적 이해

다음은 자신의 감정이나 욕구, 지각, 자신의 행동 패턴이나 사고 패턴을 이해할 수 있도록 만들어진 방법이다. 혼자서 작성하고 음미해 볼 수도 있고, 그룹으로 모여 작성하고 나누어 볼 수 있다. 그룹으로 작업하면서 서로 나눈다면 자기 개방의 체험과 타인에 대한 이해까지도 얻을 수 있는 방법이다.

1) 앞으로 한 달

당신은 죽을 병에 걸려 한 달밖에 살 수 없습니다. 그러나 당신은 충분한 경제적 여유가 있고 한 달 동안은 무엇이든지 할 수 있습니다.

(1) 마지막 한 달을 어떻게 보내시겠습니까? 어디에 가서 무엇을 하시겠습니까?

____

____

____

(2) 이때 누구와 함께 있겠습니까? 그 이유는 무엇인가요?

____

____

____

(3) 어떻게 죽겠습니까? 누가 임종의 침상에 있으면 좋겠습니까?

(4) 당신의 유언은 무엇입니까? 당신의 유언을 누가 들었으면 좋겠습니까? 그 사람이 뭐라고 말할 것 같습니까?

(5) 좋은 소식이 있습니다. 당신의 병은 기적적으로 다 나았습니다. 당신은 앞으로 30년, 40년, 50년이나 더 살 수 있습니다. 그 시간들을 어떻게 보내시겠습니까?

이 작업은 자신의 진정한 욕구가 무엇인지를 작업 시켜주고 또한 현재의 행동이 이러한 욕구를 해소하는 것과 어느 정도 일치된 방향으로 이루어지고 있는지 점검하게 해 줄 수 있다.

1) 나의 이력서

자기 자신을 가장 잘 요약할 수 있는 문장 10개를 쓰도록 한다. 이때 가급적이면 '나는 참을성이 부족하다', '나는 게으르다', '나는 이해심이 많은 편이다', '나는 눈치가 빠르다'와 같이 간단하고 명료한 문장으로 쓰도록 한다.

(1) 가장 중요한 순서대로 번호를 매긴다.

(2) 그중에서 긍정적인 것, 부정적인 것, 중립적인 것을 각각 ○, ×, △로 표시한다. 자신을 잘 아는 친구에게 목록을 보여 주고 자기를 가장 잘 묘사하고 있는 것 두 개와 그렇지 못한 것을 두 개 고르라고 했을 때 어느 것을 고를 것 같은가 생각해 본다.

이 과정을 통해 자신을 돌아보는 기회를 가지며 자기 지각과 타인의 지각의 차이를 드러나도록 하여 볼 수 있게 된다. 집단으로 모여 함께 나누면 더 효과적이다.

정리된 생각, 새롭게 깨달은 점

Activity 함께 해 봐요!

자기 광고 하기(self-advertising)

- **목적:** 자신에 대해 이해하고 타인에게 소개함으로써 표현력을 기르고 서로 친숙한 분위기를 조성한다.

- **준비물:** 종이, 색연필 혹은 크레파스

- **방법:**

1. 4~8명 정도 한 조를 만든다.
2. 자신을 잘 알릴 수 있는 그림을 그린다. 자신의 특징, 취미, 인생의 목표, 혹은 장래 희망, 가보고 싶은 곳, 가장 의미 있었던 경험 등을 그림과 함께 소개한다. 이때 그림을 잘 그리고 못 그리는 것은 중요하지 않으니 편하게 그린다.
3. 조원들에게 자신을 소개하며 조원들은 궁금한 점이 있으면 질문한다.

※ 인터뷰 내용은 상황에 따라 바꿀 수 있다.

Chapter 02

성격유형의 이해

CHAPTER 02

성격유형의 이해

학습목표

1. MBTI 성격유형검사를 통해 자신의 성격유형을 파악한다.
2. 자신의 성격유형의 장점을 이해한다.
3. 자신의 성격유형의 개선하고 주의할 점을 이해한다.

대인관계에서도 직업 선택에 있어서도 자신의 특성을 이해하는 것은 필수적인데 이 과정에 도움을 줄 수 있는 것이 심리검사이다. 특히 최근 널리 알려지고 있는 심리유형검사는 자신에 대한 이해, 자신의 강점에 대한 이해에 도움을 주며 여러 의사결정과 취업 후 적응 과정에 도움을 줄 수 있다.

사람들은 성격에 따라 관심을 두는 곳, 생활 스타일, 그리고 지각(知覺)하는 방법과 그 지각한 내용을 토대로 의사결정을 내리는 방법 등이 제각기 다르다. 특히 성격은 타인에게 반응하거나 타인을 대할 때 두드러지게 표현되는데, 고든 올포트(G. W. Allport)는 성격의 정의를 '개인이 외부(타인)에 반응할 때 동원하는 대응방식의 총체'라고 했다. 사람들은 자신의 성격유형과 비슷한 사람들과 더 소통이 잘 되고 성격이 다른 사람들에 대해서는 그 가치를 폄하하거나 거리를 두기 쉽다.

그러나 각자 다른 성격의 차이점을 파악하고 그에 따라 대응한다면 이는 타인에 대한 편견과 오해를 줄이고 가정과 사회생활, 즉 모든 인간관계에서 조금 더 나은 대처와 소통을 할 수 있게 된다.

이 장에서는 널리 알려진 심리유형검사인 MBTI로 자신의 성격유형을 찾아내면서 자신의 선호 경향은 어떠한지, 어떤 점을 주의하고 개발해야 할 것인가, 더 나아가서는 나의 의사소통과 대인관계에 도움 받을 수 있는 부분을 찾아보도록 하겠다.

1. MBTI 성격유형의 이해

1) MBTI란

정신의학자이며 분석심리학을 창시한 칼 융(Carl Jung, 1971)은 인간은 선천적으로 어떤 경향성을 가지고 태어나며 그 경향성은 환경의 여러 형태의 자극들과 상호작용하면서 그 사람의 독특한 성격의 유형체계가 형성된다는 심리유형론을 내놓았다(Jung, 1971). 융(Jung)은 정신 기능과 사람들이 선호하는 태도를 이해한다면 종잡을 수 없는 행동도 예측가능하다는 점을 주장하였다.

미국의 캐서린 브릭스(Katharine C. Briggs)와 그의 딸, 이사벨 브릭스 마이어스(Isabel B. Myers)가 융의 이론을 바탕으로 오랜 기간(1900~1975년) 연구 발전시켜 만든 것이 오늘날 널리 알려진 MBTI(Myers-Briggs Type Indicator) 검사이다.

검사개발

이론적 토대

Carl Gustav Jung
(1875~1961)

캐서린 C. 브릭스(미국, 1875~1968)

사람들 간의 개인차에 대한 관심
전기운을 통해 성격유형에 대한 개인적인 이론 개발
1926년 『새로운 공화국』이라는 저서에 4개 심리유형 발표
1923년 발표된 융의 저서 『Psychological Types』 읽게 됨
그 후 20년간 융의 이론을 타당화하고 응용하는 데에 일생 연구

이사벨 B. 마이어스(브릭스의 딸, 1897~1980)

브릭스와 공동으로 융의 이론 토대로 1943년부터 문항 개발
신호지표와 유형을 측정할 수 있는 검사문항 개발
MBTI라는 이름으로 1962년 검사 소개
1975년 CPP에서 저작권 인수하고 전문가 교육을 통해 보급 시작

MBTI는 우리나라에 1990년에 심혜숙, 김정택에 의해 들어와서 개인의 성격 이해와 성장에 대한 도구로 꾸준히 사랑을 받아 왔다. MBTI는 개인의 성격 이해뿐 아니라 대인관계, 갈등관리, 리더십, 진로, 학생 지도, 자녀 양육, 기업의 조직관리 등 다양한 분야에 활용되어 왔다. 최근 연예인들이 매스컴에 MBTI 검사를 실시하는 것이 나오면서 많은 이들의 주목을 받게 되었다. 인터넷의 약식 버전이나 유사 버전의 검사로 성격유형을 측정하게 되는 경우가 많은데, 가능하면 판권을 소유한 어세스타나 MBTI 연구소를 통한 정식 검사지로 검사를 실시하고 전문가를 통해 해석을 받을 것을 권유한다. 정식 검사지는 많은 연구를 통해 신뢰성과 타당성이 확보된 검사인데다 심리검사는 심리 측정의 도구이며, 도구는 활용하는 방법과 활용하는 사람에 따라 더 많은 도움을 줄 수 있기 때문이다.

2) 검사의 특징

MBTI 검사는 개인의 선천적인 선호경향(preference)을 알아보는 검사이다. 자신이 생각하는 자신의 모습에 따라 결과가 나오게 되는 자기보고식(self-report) 검사이다. 따라서 검사결과가 정확하게 나오려면 검사 실시 때 주의사항을 잘 따라야 한다. 검사 실시 결과를 놓고 맞는다, 맞지 않는다거나 믿을 수 있느냐 등의 이야기를 많이 하는데 검사에 대한 이해 아래 실시해야 목적하는 결과를 얻을 수 있다.

검사를 실시할 때 주의해야 할 점은, 맞고 틀리는 답이 없으므로 자신이 바라는 모습에 체크하기보다 평소 편안하고 자연스럽게 느끼고 행동하는 것에 표시해야 한다는 것이다. 맞고 틀리는 답이 없다는 말은 무엇이 더 좋거나 더 나쁜 답이 있지 않다는 뜻이다. 우리는 알게 모르게 주변으로부터 주입된 가치로 자신을 변화시키려고 노력하기도 한다. 본래는 혼자서 잘 지내는 편인데, 나의 가족은 어울리는 것을 중시해서 나에게 그 점을 강조하여 내가 그러려고 노력해서 다른 모습이 되었다면 나는 어느 것을 선택해야 할까? 즉, 노력해서 되는 모습보다 자연스럽고 편한 모습의 나를 선택해야 제대로 된 유형을 찾아낼 수 있게 된다는 말이다. 자연스럽고 편안한 모습의 나는 오른손잡이에게는 오른손, 왼손잡이에게는 왼손이 되는 셈이다.

이 검사는 개인의 정신병리나 심리상태를 진단하는 진단검사가 아니다. 자신의 심리상태가 드러나지 않을까 하는 염려를 하지 않아도 되며, 심리적으로 심한 스트레스가 오래 지속된 상태라면 객관적인 검사결과를 받지 못할 수도 있다는 점을 감안해야 할 것이다.

자연스럽고 편안한 선호를 찾아내려면 어떻게 해야 할까? 다음의 작업을 통해 쉽게 그 느낌을 알아볼 수 있다.

- 평소 '쓰지 않던 손'과, 평소 '자주 쓰던 손'을 번갈아가며 자신의 이름을 3번 써 본다.

평소 쓰던 손으로 할 때와 그렇지 않을 때의 느낌을 비교해 본다. 대다수의 사람들은 '평소 쓰지 않던 손'으로 자신의 이름을 쓸 때 어색하다, 낯설다, 잘 안 써진다, 글씨가 안 예쁘다 등의 반응을 보이고, 평소 '자주 쓰던 손'으로 자신의 이름을 쓸 때는 익숙하다, 편안하다, 잘 써진다, 신경을 쓰지 않아도 된다고 한다. 이처럼 익숙하고 편안한 것은 자신이 타고난 선호경향이므로 검사를 실시할 때 이런 느낌으로 선택을 하면 된다.

검사를 실시하며 선택을 해야 할 때, 혹은 검사의 지표를 보게 되면 나는 두 가지가 다 있는데라고 말하는 경우도 있고, 어떤 것은 좋고 어떤 것은 부족한 것은 아닌가 하는 생각을 하게 된다. MBTI에서 말하는 선천적 선호경향은 누구에게나 다 있는 것인데 둘 중 어느 것을 더 선호하는가를 찾는 것이다. 즉, 우리가 오른손 왼손을 다 쓸 수 있지만 더 편한 손이 있는 것과 마찬가지이다. 또한 오른손잡이나 왼손잡이를 어느 것이 더 좋다 나쁘다고 할 수 없는 것처럼 어떤 유형을 더 좋다거나 나쁘다고 할 수는 없다. 즉, 틀리다가 아닌 다르다의 관점에서 살펴보는 것이 MBTI의 특징이자 장점이라고 할 수 있겠다.

3) 검사 실시

다음에 MBTI 유형을 이해할 수 있도록 약식의 문항을 제시하였다. 본서에서 검사 문항을 약식으로라도 제시한 것은 이 장의 학습을 해나가기 위한 과정에 따른 필요성 때문인데 앞서 설명한 것처럼 가급적 정식 검사를 실시하여 정확한 유형을 찾도록 하는 것이 도움이 된다.

각 번호별로 제시되어 있는 두 개의 문항 중 자신에게 해당되는 것에 O 표시한다. 정답은 없으나 너무 오래 생각하지 않는다. 되고 싶은 상태를 선택하기보다 지금까지 살아오면서 조금 더 편하고 자주 행동했던 것을 선택한다. 두 유형 중 O의 표시가 더 많은 쪽이 자신의 선호 유형이 된다.

(1) 에너지의 방향

표시	외향형(E)	No	내향형(I)	표시
	사람들은 내가 활발하다고 말한다.	1	사람들은 내가 얌전하다고 말한다.	
	나는 사람들과 대화할 때 듣기보다 말을 많이 하는 편이다.	2	나는 사람들과 대화할 때 듣기를 더 많이 하는 편이다.	
	나는 새로운 사람을 만나는 것이 신난다.	3	새로운 사람을 만날 때 앞으로 어떻게 지낼까 걱정된다.	
	나는 사람들과 사귈 때 많은 사람들과 넓게 사귀는 편이다.	4	나는 사람들과 사귀어도 소수의 사람들과 깊게 사귀는 편이다.	
	나는 생각이나 느낌을 다른 사람들에게 이야기하는 편이다.	5	나는 생각이나 느낌을 내 마음 속에 간직하는 편이다.	
	나는 말 중간에 잘 끼어드는 편이다.	6	나는 말을 끝까지 경청하는 편이다.	
	처음 보는 사람들을 만나면 내가 먼저 말을 건넨다.	7	처음 보는 사람들을 만나면 다른 사람들이 먼저 내게 말을 건넨다.	
	나는 밖에서 활동하기를 좋아하는 편이다.	8	나는 실내에 있기를 좋아하는 편이다.	
	나는 사람들과 어울릴 때가 더 신난다.	9	나는 혼자 있을 때가 더 편하다.	
		합계		

(2) 인식기능

표시	감각형(S)	No	직관형(N)	표시
	나는 확실하고 구체적인 것을 신뢰한다.	1	나는 영감과 추론을 신뢰한다.	
	나는 다른 사람이 가르쳐 준 방법대로 하는 편이다.	2	나는 나 스스로 나만의 방법을 만들어서 하는 편이다.	
	나는 세부적인 것을 따지는 편이다.	3	나는 전반적인 관점에서 틀을 보는 편이다.	
	나는 직업 경험한 것을 믿는 편이다.	4	나는 본능적인 느낌을 믿는 편이다.	
	나는 바로 이 순간을 더 중요시 한다.	5	나는 미래에 미칠 영향을 더 중요시한다.	
	나는 그림, 소설, 영화 같은 것을 볼 때 구체적이고 사실적인 것이 좋다.	6	나는 그림, 소설, 영화 같은 것을 볼 때 추상적이고 공상적인 것이 좋다.	
	나는 부지런하고 성실하다는 이야기를 듣는 편이다.	7	나는 기발하고 엉뚱하다는 얘기를 듣는 편이다.	
	나는 일반적인 상식을 의심해 본 적이 없다.	8	나는 일반적인 상식에 가끔 의문이 든다.	
	나는 현재에 최선을 다하는 것이 중요하다고 생각한다.	9	나는 미래에 꿈을 갖는 것이 중요하다고 생각한다.	
		합계		

(3) 판단기능

표시	사고형(T)	No	감정형(F)	표시
	나는 사람들을 대할 때 좀 냉정하고 침착한 편이다.	1	나는 사람들을 대할 때 따뜻하고 온정적인 편이다.	
	나는 사람들과 마음이 상한 후에 화해할 때 마음이 상했던 이유를 설명하려고 한다.	2	나는 사람들과 마음이 상한 후 화해할 때 나에게 잘못이 적더라도 먼저 사과하는 편이다.	
	나는 불공정한 것이 가장 나쁘다고 생각한다.	3	나는 다른 사람의 마음에 상처를 주는 것이 가장 나쁘다고 생각한다.	
	상대방이 잘못을 범했을 때 나는 대체적으로 상대방이 언짢아 하더라도 짚고 넘어가는 편이다.	4	상대방이 잘못을 범했을 때 나는 대체적으로 상대방 기분 나쁠까 봐 이해하고 넘어가는 편이다.	
	나는 똑똑한 사람으로 인정받고 싶다.	5	나는 따뜻한 사람으로 인정받고 싶다.	
	도둑질을 하는 학생은 벌을 받아야 한다고 생각한다.	6	도둑질을 하는 학생은 도둑질을 하지 않도록 도움을 받아야 한다고 생각한다.	
	나는 논쟁이나 토론을 즐기는 편이다.	7	나는 논쟁이나 토론은 되도록 피하고 싶다.	
	나는 주변사람들이 실수를 하면 충고를 한다.	8	나는 주변사람들이 실수를 하면 위로를 한다.	
	나는 첫인상이 차갑다는 평을 듣는 편이다.	9	나는 첫인상이 따뜻하다는 평을 듣는 편이다.	
		합계		

(4) 생활양식

표시	판단형(J)	No	인식형(P)	표시
	나는 정리정돈 된 깨끗한 방이 좋다.	1	나는 내 마음대로 흩어 놓을 수 있는 방이 좋다.	
	나는 정해진 계획이나 일정이 갑자기 바뀔 때 불편한 감정이 든다.	2	나는 정해진 계획이나 일정이 갑자기 바뀔 때 중간에 바뀌어도 크게 개의치 않는다.	
	나는 어떤 일에 임할 때 조급한 마음으로 시작하는 편이다.	3	나는 어떤 일에 임할 때 느긋한 마음으로 시작하는 편이다.	
	나는 일을 계획적으로 하는 편이다.	4	나는 일을 그때그때 융통성 있게 하는 편이다.	
	나는 모임에 갈 때 항상 먼저 가서 기다리는 편이다.	5	나는 모임에 갈 때 시간이 임박해서야 서두르는 편이다.	
	나는 노는 것도 일하는 것처럼 열심히 한다.	6	나는 일하는 것도 노는 것처럼 쉬엄쉬엄 한다.	
	나는 시간 개념이 있는 편이다.	7	나는 시간 개념이 없는 편이다.	
	나는 책임을 맡겨주면 잘 할 자신이 있다.	8	나는 되도록 책임은 맡고 싶지 않다.	
	나는 일을 시작하기 전에 꼼꼼하게 생각한 후 신중하게 시작한다.	9	나는 일을 시작하기 전에 좀 즉흥적이고 충동적으로 시작한다.	
		합계		

● 검사결과

	아주 분명	분명	보통	약간	약간	보통	분명	아주 분명	
외향형(E)									내향형(I)
감각형(S)									직관형(N)
사고형(T)									감정형(F)
판단형(J)									인식형(P)

● 검사결과 유형

2. MBTI 4가지 선호 지표와 특성

외향성 (E)
폭 넓은 활동력

에너지 방향

내향성 (I)
깊이와 집중력

- 혼자 있는 것보다 함께 있는 것을 좋아함
- 활동적, 적극적, 목소리가 큼
- 말을 많이 하다 보니 실수도 많이 함
- 친구가 많다. 한 번 본 사람은 다 친구
- 행동해 놓고 생각, 자신을 쉽게 드러냄

- 자기 혼자만의 시간을 갖는 것을 선호
- 먼저 말은 못 꺼내는데 누가 먼저 말 걸면 호응
- 나서기 싫어하지만 시키면 함
- 침착, 신중, 소심
- 함부로 친구라 얘기하지 않음

감 각(S) 실용성과 현실감각 ⟷ **정보수집** ⟷ **직 관(N)** 비전과 통찰력

감각(S)	직관(N)
• 미래보다 지금 현재에 초점을 둠	• 미래, 가능성에 초점을 둠
• 사실적, 세부적 사건 묘사	• 비유적, 암시적 묘사
• 오감을 통해 정보 습득	• (직관)통찰을 통한 정보 습득
• 세부적인 것에 치중하느라 전체를 못 봄	• 큰 그림은 잘 그리나 세부적인 것을 못 봄
• 창작보다 응용이 더 좋음	• 새로운 방식 일처리 선호

사 고(T) 논리와 분석력 ⟷ **판단과 결정** ⟷ **감 정(F)** 인화력

사고(T)	감정(F)
• 머리로 분석해서 이해하고 결정	• 관계 중심, 사람 중심
• 옳고 그름이 기준	• 논리적으로 옳아도 마음이 싫으면 "No!"
• 합리적, 객관적, 공정성, 과업 중심	• 공감과 칭찬이 중요
• 자기 감정 내보이는 것은 어색	• 일관성 약함. 상황 설명 후 결론 내림
• 비논리적인 사람들 싫어함	• 논리 싸움은 백전 백패

판 단(J) 조직과 추진력 ⟷ **생활양식** ⟷ **인 식(P)** 수용과 적응력

판단(J)	인식(P)
• 체계적, 정리정돈과 계획 선호	• 자율적, 상황에 맞추는 개방성
• 분명한 목적 의식과 방향 감각	• 목적과 방향은 변경 가능
• 결정 내리는 것 좋아함	• 일하는 것도 노는 것처럼
• 예정되지 않은 돌발 상황 싫어함	• 반복적 일상 재미 없어함
• 스케줄 짜는 것 좋아함	• '사람 사는 세상에 좀 늦을 수도 있지'

3. 성격유형별 특성

1) MBTI 16가지 성격유형별 특성

다음은 MBTI 16가지 성격유형 특성이다. 각 유형별로 대표 표현과 성격 특징, 그리고 주의하고 개선할 점을 정리해 놓았다. 이 내용은 MBTI 성격유형 특성 중 일부이며 자신의 평소 행동이나 삶의 방식과 연결될 수 있는 내용을 찾아본다.

(1) ISTJ

① **대표 표현:** 세상의 소금, 완벽주의자

② **성격 특징**

ISTJ유형은 매우 신뢰성이 있고, 사실에 대한 완전하고, 현실적이고, 실용적인 면을 가지고 있다. 어떠한 분량의 사실이라도 몰두하고, 기억하며, 이용하고, 정확도에 대해 매우 세심하다. 위기상황에 대처할 때에도 차분하며 안정되어 있다. 그들이 어떤 사람인가를 아는 데는 상당한 시간이 걸린다. 그들은 외면적으로 볼 때 차분하게 보이지만, 내면적으로는 상당히 바쁘다.

③ **주의하고 개선할 점**

자신과 타인의 감정에 민감하게 반응하려고 노력해야 한다.

문제 상황에 대해 여러 대안을 찾는 연습이 필요하다.

(2) ISTP

① **대표 표현:** 백과사전형, 관망주의자, 모험가

② **성격 특징**

ISTP유형은 조용하고 말이 없으며 논리적이고 분석적이고 객관적으로 인생을 관찰하는 유형이다. 사실적인 정보를 조직하기 좋아하는 반면, 일과 관계

되지 않는 이상 자신을 개방하지 않는 편이다. 그래서 가까운 친구들 외에는 대체로 사람들과 사귀지 않는 편이다. 일상생활에 있어 매우 적응력이 강하다.

③ 주의하고 개선할 점

지나치게 노력을 절약하는 경향이 강하므로 열정과 적극성을 키울 필요가 있다. 자신의 생각, 느낌, 정보, 계획을 타인과 공유하는 노력을 할 필요가 있다.

(3) ESTP

① 대표 표현: 활동가, 호인호걸형

② 성격 특징

ESTP유형은 관대하고 느긋하며 어떤 사람이나 사건에 대해서 별로 선입관을 갖지 않으며 개방적이다. 자신에게나 타인에게 있어 관용적이며, 일을 있는 그대로 보고 받아들인다. 그래서 갈등이나 긴장이 일어나는 상황을 잘 무마하는 능력이 있다. '꼭 이렇게 되어야 하고, 저렇게 되어야 된다.'라는 규범을 적용하기보다 누구나 만족할 수 있는 해결책을 모색한다. 또한 타협하고 적응하는 능력이 있다. 주의집중을 현재 상황에 맞추고, 현실을 있는 그대로 보는 이 유형의 자연스러운 경향으로 인해 현실적으로 야기되는 문제 해결에 뛰어난 능력을 발휘하기도 한다.

③ 주의하고 개선할 점

끈기와 인내 그리고 의지를 더 키울 필요가 있다.

즉흥적으로 행동하는 경향이 있으므로 사전에 계획하고 보다 광범위한 결과를 살펴야 한다.

(4) ESTJ

① **대표 표현:** 사업가, 행정가, 관리자

② **성격 특징**

ESTJ유형은 일을 조직하고 프로젝트를 계획하고 출범시키는 능력이 뛰어나다. 현실적이고 사실적이며 체계적, 논리적으로 사업이나 조직체를 이끌어가는 타고난 재능을 가졌기 때문이다. 혼돈스러운 상태나 불분명한 상태 또는 실용성이 없는 분야에는 큰 흥미가 없다. 그러나 필요시에는 언제나 응용하는 힘이 있다. 분명한 규칙을 중요시하고 그에 따라 행동하고 일을 추진하고 완성해 나간다. 어떤 계획이나 결정을 내릴 때 확고한 사실에 바탕을 두고 이행한다. 대체로 결과를 현재 볼 수 있는 일을 즐기는 편이다.

③ **주의하고 개선할 점**

지나치게 일 중심적일 수 있으며 너무 성급하게 결정하는 경향이 있으므로 자신과 타인의 정서적인 측면을 고려할 필요가 있다.

(5) ISFJ

① **대표 표현:** 전통주의자, 보수주의자

② **성격 특징**

ISFJ유형은 책임감이 강하고 온정적이며 헌신적이다. 세부적이고 치밀성과 반복을 요하는 일을 끝까지 해 나가는 인내력이 높다. 이들이 가진 침착성과 인내력은 가정이나 집단에 안정성을 가져다준다. 다른 사람의 사정을 고려하며 자신과 타인의 감정의 흐름에 민감하다. 일처리에 있어 현실감각을 가지고 실제적이고 조직적으로 이행한다. 경험을 통해서 자신이 틀렸다고 인정하기까지 어떠한 난관이 있어도 꾸준히 밀고 나가는 유형이다. 온순하고 차분하다.

③ 주의하고 개선할 점

다른 사람에게 자신의 의견을 주장할 필요가 있다.

주체성을 키우고 다른 사람에게 지시하는 역할도 익숙해지려 노력해야 한다.

(6) ISFP

① 대표 표현: 성인군자, 유유자적

② 성격 특징

ISFP유형은 말보다는 행동으로 따뜻함을 나타내며, 마음이 따뜻하고 동정적이다. 마치 양털안감을 넣은 오버코트처럼 속마음이 따뜻한 사람들이다. 그러나 상대방을 잘 알게 될 때까지 이 따뜻함을 잘 드러내지 않는 경향이 있다.

③ 주의하고 개선할 점

지나치게 겸손함, 자신이 수행한 것을 높게 평가할 필요가 있다.

다른 사람을 주도적으로 지시하는 태도를 개발할 필요가 있다.

(7) ESFP

① 대표 표현: 사교형, 낙천주의자

② 성격 특징

ESFP유형은 친절하고 수용적이며 현실적이고 실제적이다. 어떤 상황에도 잘 적응하며 타협적이다. 선입견이 별로 없으며 개방적이고 관용적이며 대체로 사람들을 잘 받아들인다. 주위에서 진행되고 있는 일들을 알고자 하고 또한 열심히 참견하고 끼어들곤 한다. 다른 사람의 일이나 활동에 관심이 많으며 새로운 사건 혹은 물건에도 관심과 호기심이 많기 때문이다. 이론이나 책을 통해 배우기보다 경험 등의 실생활을 통해 배우는 것을 선호한다.

③ 주의하고 개선할 점

상황을 고려하여 체계적인 행동 계획을 세울 필요가 있다.

의사결정 과정에서 논리적으로 분석하는 노력이 필요하다.

(8) ESFJ

① **대표 표현**: 친선도모, 현대판 현모양처

② **성격 특징**

ESFJ유형은 유난히 동정심과 동료애가 많다. 친절하고 재치가 있으며, 다른 사람들에게 관심을 쏟고 인화를 도모하는 일을 중요하게 여긴다. 양심적이고 정리정돈을 잘한다. 참을성이 많고 다른 사람들을 잘 돕는다. 또한 다른 사람들의 지지를 받으면 일에 열중한다. 그러나 다른 사람들의 무관심한 태도에는 민감하다.

③ **주의하고 개선할 점**

정보를 객관적으로 분석하는 방법을 배울 필요가 있다.

다른 사람의 욕구에 민감한 것처럼 자신의 욕구에도 관심을 갖고 세심하게 살필 필요가 있다.

(9) INFJ

① **대표 표현**: 예언자, 통찰력

② **성격 특징**

INFJ유형은 창의력과 통찰력이 뛰어나다. 강한 직관력으로 의미와 진실된 관계를 추구한다. 뛰어난 영감으로 말없이 타인에게 영향력을 끼친다. 독창성과 사적인 독립심이 강하다. 또한 확고한 신념과 뚜렷한 원리원칙을 생활 속에 가지고 있으면서 공동의 이익을 가져오는 일에 심혈을 기울인다. 인화와 동료애를 중시하는 경향으로 존경을 받고 사람들이 따른다. 열정과 신념으로 자신들이 믿는 영감을 구현시켜 나갈 때 위대한 정신적 지도자들이 이 유형에서 많이 나온다. 남에게 강요하기보다 행동과 권유로 사람들의 마음을 움직여 따르게 만드는 지도력이 있다.

③ 주의하고 개선할 점

논의나 토론에 적극적으로 참여하는 훈련을 할 필요가 있다.

현실을 있는 그대로 수용하고 현재를 즐기고자 하는 노력이 필요하다.

(10) INFP

① 대표 표현: 이상주의자, 몽상가

② 성격 특징

INFP유형은 마음이 따뜻하나 상대방을 잘 알기 전에는 표현을 잘하지 않는다. 조용하며, 자신이 관계하는 사람이나 일에 대하여 강하고 성실하다. 또한 자신이 지향하는 이상에 대하여는 정열적인 신념을 지니고 있다.

③ 주의하고 개선할 점

행동계획을 수립하여 실천할 필요가 있다.

많은 사람을 만족시키려는 경향을 줄일 필요가 있다.

(11) ENFP

① 대표 표현: 스파크형, 멀티태스킹

② 성격 특징

ENFP유형은 열성적이고 창의적이다. 풍부한 상상력과 영감을 가지고 새로운 프로젝트를 잘 시작한다. 풍부한 충동적 에너지를 가지고 즉흥적으로 일을 재빠르게 해결하는 솔선수범력과 상상력이 있다. 관심이 있는 일이면 무엇이든 척척 해내는 열성파이다. 뛰어난 통찰력으로 그 사람 안에 있는 성장 발전할 가능성을 들여다본다. 또한 자신의 열성으로 다른 사람들도 어떤 프로젝트에 흥미를 가지게 하고 다른 사람을 잘 도와준다.

③ 주의하고 개선할 점

인내심을 갖고 끝까지 마무리하는 훈련이 필요하다.

일의 우선순위를 정하고 중요한 일을 먼저 할 필요가 있다.

(12) ENFJ

① 대표 표현: 언변능숙형, 영향력

② 성격 특징

ENFJ유형은 동정심과 동료애가 많으며, 친절하고 재치가 있다. 민첩하고 참을성이 많고 성실하다. 사람들과의 인화를 중요시 여기며, 다른 사람들의 의견을 존중하고 그 가치를 본다. 공동의 선(善)을 위해서는 대체로 상대방 의견에 동의하는 경향이 있다. 새로운 아이디어에 대한 호기심이 많다. 쓰기보다는 말로써 생각을 잘 표현한다. 편안하고 능란하게 계획을 제시하거나 조직을 이끌어 가는 능력이 있다.

③ 주의하고 개선할 점

사람과 관련된 문제에 조금 더 객관적일 필요가 있다.

다른 사람과의 의견 차이를 지나치게 개인적으로 받아들이지 않아야 한다.

(13) INTJ

① 대표 표현: 과학자

② 성격 특징

INTJ유형은 행동과 사고에 있어 독창적이다. 내적인 신념과 비전은 산이라도 움직일 만큼 강하다. 16가지 유형 중에서 가장 독립적이고 단호하다. 때때로 어떤 문제에 대하여 아주 고집이 세다. 자신이 가진 영감과 목적을 실현시키려는 의지와 결단력과 인내심을 가지고 있다. 자신과 타인의 능력을 중요시하며, 목적달성을 위하여 온 시간과 노력을 다 바쳐 일한다. 직관력과 통찰력이 활용되는 분야에서 능력을 발휘하는 편이다.

③ 주의하고 개선할 점

다른 사람을 칭찬하는 훈련이 필요하다.

자신의 실수를 허용하고 여유 있게 받아들이는 태도가 필요하다.

(14) INTP

① 대표 표현: 아이디어 뱅크, 관조형

② 성격 특징

INTP유형은 조용하고 과묵하나 관심이 있는 분야에 대해서는 말을 잘한다. 사람들을 중심으로 한 가치보다는 아이디어에 관심이 많으며 매우 분석적이고 논리적이며 객관적인 비평을 잘한다. 일의 원리와 아이디어에 관심이 많으며, 실체보다는 실체가 안고 있는 가능성에 관심이 많다. 이해가 빠르고 높은 직관력으로 통찰하는 재능과 지적 관심이 많다. 개인적인 인간관계나 파티 혹은 잡담 등에는 흥미가 별로 없다. 사람을 사귀는 데 있어서 그들은 보통 아이디어를 토론하고 나누는 소수의 가까운 사람들을 주위에 두고 있다. 때로 어떤 아이디어에 몰입하여 주위에서 돌아가고 있는 일을 모를 때가 많다.

③ 주의하고 개선할 점

상대방의 말을 경청하고 상대방의 입장에서 생각하는 훈련이 필요하다.

자신의 말이 상대방에게 상처를 줄 수 있다는 것을 인식할 필요가 있다.

(15) ENTP

① 대표 표현: 발명가, 문제해결사, 넘치는 에너지

② 성격 특징

ENTP유형은 독창적인 혁신가이며, 창의력이 풍부하고 항상 새로운 가능성을 찾고 새로운 시도를 즐기는 유형이다. 넓은 안목을 가지고 있으며 다방면에

재능이 있다. 풍부한 상상력과 어떤 프로젝트를 시도하는 솔선력이 강하다. 민첩하고 여러 가지 일에 재능을 발휘하며 자신감이 넘쳐 난다. 사람들의 동향에 대해 기민하고 박식한 편이다. 다른 사람을 판단하기보다 이해하려고 노력한다.

③ 주의하고 개선할 점

일상적인 규범, 규칙 및 절차를 존중하고 따르는 노력이 필요하다.

일상생활에서 현실적인 우선순위 고려하여 일정 계획을 세워야 한다.

(16) ENTJ

① **대표 표현**: 지도자, 개혁가

② **성격 특징**

ENTJ유형은 활동적이며 행정적인 일과 장기계획을 선호하며 논리적이고 분석적이다. 사전 준비를 철저히 하며 계획하고 조직하고 체계적으로 목적달성을 추진시키는 지도자들이 많다. 비능률적이거나 확실치 않은 상황에 대해서는 별로 인내심이 없다. 그러나 상황이 필요로 할 때는 강하게 대처한다. 솔직하고 결정력과 통솔력이 있으며, 거시적 안목으로 일을 밀고 나간다. 관념 자체에 집중하는 경향이 있으며, 관념 이면의 사람에게는 관심이 별로 없다.

③ 주의하고 개선할 점

다른 사람의 의견을 경청하고 받아들일 필요가 있다.

의사결정 시 구체적인 현실과 세부적인 내용 고려할 필요가 있다.

출처: MBTI 연구소, 정철상의 커리어노트 재인용

ISTJ	ISFJ	INFJ	INTJ
세상의 빛과 소금형 한번 시작한 일은 끝까지 해내는 사람들	**임금 뒤편의 권력형** 성실하고 온화하며 협조를 잘하는 사람들	**예언자형** 사람과 관련된 것에 통찰력이 뛰어난 사람들	**과학자형** 전체적으로 조합하여 비전을 제시하는 사람들
ISTP	**ISFP**	**INFP**	**ISTJ**
백과사전형 논리적이고 뛰어난 상황적응력을 가지고 있는 사람들	**성인군자형** 따뜻한 감성을 가지고 있는 겸손한 사람들	**잔다르크형** 이상적인 세상을 만들어 가는 사람들	**아이디어 뱅크형** 비평적인 관점을 가지고 있는 뛰어난 전략가들
ESTP	**ESFP**	**ENFP**	**ENTP**
수완 좋은 활동가형 친구,운동,음식 등 다양한 활동을 선호하는 사람들	**사교적인 유형** 분위기를 고조시키는 우호적인 사람들	**스파크형** 열정적으로 새로운 관계를 만드는 사람들	**발명가형** 풍부한 상상력을 가지고 새로운 것에 도전하는 사람들
ESTJ	**ESFJ**	**ENFJ**	**ENTJ**
사업가형 사무적,실용적,현실적으로 일을 많이 하는 사람들	**친선도모형** 친절과 현실감을 바탕으로 타인에게 봉사하는 사람들	**언변능숙형** 타인의 성장을 도모하고 협동하는 사람들	**지도자형** 비전을 가지고 사람들을 활력적으로 이끌어 가는 사람들

출처: 어세스타 한국형 일반용 Form M 결과 프로파일

2) MBTI의 4가지 기질유형

MBTI는 16가지 유형 외에도 8가지 지표들의 다양한 조합으로 이해가 가능하다. 그 중 하나인 기질별 이해는 또 다른 이해의 틀을 제공하며 자신을 깊이 바라볼 수 있게 해 준다.

기질(氣質)이란 사전적으로는 '타고난 기품과 성질'로 정의한다. 심리학적으로는 사람의 행동이나 성격에서 뚜렷하게 드러나는 유전적, 생물학적, 감정적 경향을 말한다. MBTI에서는 성격유형을 총 16가지로 분류하고 있으나 기질로는 4가지 유형으로 구분한다.

(1) 이상주의자 기질(NF기질)

: INFJ, ENFJ, INFP, ENFP

대표인물: 인본주의 심리학자 칼 로저스, 햄릿, 메어리 여왕

다른 기질들이 일상적인 목적을 추구하는 반면에 이 기질의 유형은 이상적인 것에 관심을 갖는다. 이들의 목적이 너무나 이상적인 것에 있기 때문에 이들 자신조차도 그 목적에 대해 간단하게 이야기하는 것이 불가능하기도 하다.

NF기질은 완성되는 존재로서의 미지의 목적, 자아를 반영하는 목적을 추구한다. 이들에게 있어서 자아실현은 통합된 모습, 즉 통일성을 이루는 것을 의미한다. 겉꾸밈이나 가면, 거짓, 수치, 역할 연기가 없어야만 한다.

이 유형은 소수이지만 대중들에게 미치는 이들의 영향력은 대단하다. 왜냐하면 대부분의 작가들이 바로 이 유형이기 때문이다. NF기질은 사고팔거나 혹은 다른 어떤 상업적인 직업에는 관심이 거의 없다. 특히 자연 과학에는 거의 매력을 느끼지 못하는 편이다. 그들은 오히려 언어에 관심이 많으며, 직접 혹은 간접적으로 타인들과의 대화를 즐기고 좋아한다.

(2) 파워를 추구하는 기질(NT기질)

: INTJ, INTP, ENTJ, ENTP

대표인물: 마키아벨리, 엘리자베스 여왕, 아인슈타인, 이상한 나라의 앨리스

힘(power)은 NT기질의 사람들을 매료한다. 여기서 말하는 힘이란 인간을 지배하는 권력이 아니라 자연을 대상으로 발휘되는 힘이다. 다시 말해 현상을 이해하고, 조정 통제하고, 예측하고 설명하는 능력을 뜻하는 것이다. 즉, NT가 원하는 힘은

권력이 아니라 능력과 자질과 재능과 재주와 기술 같은 것들을 뜻한다.

NT기질은 자신에게 엄격하고 비판적이다. 이들은 자신의 실수가 발견되면 이들이 저지른 미흡하고, 개선되어야 할 점을 찾아내어 스스로 짐을 지우고, 자신의 진전 상황을 철저히 감시한다.

NT들은 항상 지식을 추구하고 축적한다. 업무수행에 있어 철저한 완벽주의자인데, 이것은 그들이 능력과 우수성을 앞세우기 때문이다. 업무수행에 있어서 그들이 설정한 높은 기준은 과중한 스트레스를 유발시키게 되어, 때론 행동이 긴장되고 강박적으로 나오게 만든다. NT들은 대체로 모델(model)을 개발하고, 아이디어를 창출하고 시스템을 구축하는 것을 즐긴다. 그들은 과학적 원칙을 개발하고 응용하는 분야의 직종을 선호한다.

NT들은 자기통제와 의지력과 지적발달에 가치를 둔다. 타인을 대할 때 대체로 직선적으로 대하는 경향이 있으며, 다른 사람들로부터 차고, 거리감을 느끼고, 이해하기 힘든 사람이라는 말을 듣기도 한다.

(3) 책임을 중시하는 기질(SJ기질)

: ISTJ, ESTJ, ISFJ, ESFJ

대표인물: '개미와 배짱이'에서의 개미, 만화주인공 캔디, 조지 워싱턴, 신사임당

SJ기질의 사람들은 책임감과 의무를 몹시 중시한다. 이들은 자신이 속해 있는 사회적 단위에 도움이 되기 위해서 존재한다고 생각한다. SJ는 어딘가에 소속되기를 원하며, 주는 사람이 되어야만 하고 받는 사람이 되어서는 안 되며, 돌보는 사람이 되어야지 돌봄을 당하는 사람이 되어서는 안 된다고 생각한다. 이것이 SJ기질에게서 볼 수 있는 거의 어버이다운 태도라고까지 말할 수 있는 것인데, 이는 인생의 초기에서부터 그 모습을 드러낸다.

다른 어떤 사람들보다도 SJ는 준비를 더 철저히 한다. 행동 중의 많은 것이 그러한 장애들과 꼭 일어나게 마련인 불리한 사건들을 위한 준비이다.

SJ는 늘 남에게 제공하고, 봉사하고, 보살핌을 베푸는 입장이기 때문에 은혜를 모르고 감사하는 마음이 결여되었다는 것을 찾아내는 감각이 다른 유형의 사람보다 더 예민한다. 그런데 이상한 것은 그는 감사나 인정을 요구할 수가 없다는 점이다. 왜냐하면 제공하고, 봉사하고, 보살피는 것은 그의 의무이기 때문이다.

SJ는 남의 청을 쉽게 거절하지 못한다. SJ에게 가외의 책임을 맡아달라고 일단 부탁하기만 하면, 그는 거절을 잘 못한다. 그는 못마땅해 하면서도 "내가 하지 않는다면 누가 하겠는가?"라고 생각한다.

(4) 자유를 추구하는 디오니소스적 기질(SP기질)

: ISTP, ESTP, ISFP, ESFP

대표 인물: 가수 엘비스 프레슬리, 영화 '바람과 함께 사라지다'의 스칼렛 오하라

본질적으로 SP기질은 자유로움을 추구한다. 즉 구속당하거나, 속박당하거나, 제한되거나, 의무 지워지지 않으려고 한다. 원하는 바를 자신이 원하는 때에 하는 것이 이들에게는 이상적이다. 기다리고, 아끼고, 모아두고, 준비하고, 내일을 위해 사는 것 따위는 말이 안 된다고 생각하기도 한다. 오늘을 즐겨야만 한다고 생각한다. 왜냐하면, 이들에게 있어 내일이란 결코 오지 않는 미래가 될 수 있기 때문이다.

SP기질의 사람들은 충동적이다. 충동적으로 행동하기를 원하고 즐겨서 발산하는 것을 좋아하는데, 이들에게 충동이란 흔히 생각하는 부정적인 것이 아니라 에너지와 열정으로 연관되기 때문이다.

SP기질은 결과를 알지 못하는 상황, 한계를 시험할 자유가 있는 상황에 강하다. 위기에 가장 잘 대처하며, 위기의 정도가 크면 클수록 신속하게, 극적으로 반응하는

데 더 큰 수완을 나타낸다. 만일 거의 변화가 없는 상황에 부딪치게 되면 SP는 흥미를 잃게 될 것이지만, 가능성 있는 일들과 돌발적인 일이 늘어나면 더 적극적으로 과제를 처리하게 된다.

이 기질 유형은 여기저기로 떠돌아다니는 것을 좋아하며, 비록 자기의 행동이 자기와 가까운 사람들에게 누를 끼칠 것이라는 점을 알고 있을지라도 그는 다른 사람들보다 쉽게 사회적 인연을 단절할 수도 있다(David Kerisey et al., 1984; 한국 MBTI 연구소, 정철상 커리어노트 블로그 재인용).

4. MBTI의 활용

1) MBTI와 나

- 내 성격유형을 통해 알게 된 나의 강점은 무엇인가?

- 내 성격유형의 보완할 점은 무엇인가?

- 내 성격유형의 의사소통방식은 어떠한가?

- 내 성격유형의 의사소통방법에서 보완할 점은 무엇인가? 어떻게 보완할 수 있을지 구체적인 방법도 생각해 보자.

2) MBTI의 활용

16가지 유형으로 사람들을 다 설명할 수는 없다. 인간은 16가지 유형 이상을 넘어서는 다양한 존재이다. 다만 유형을 참고하여 이해하면 세상이 더 다양하게 보이고, 그 다양성을 수용할 수 있게 된다. 사람을 만나는 것을 좋아하는 특성을 가진 사람이 말 없는 사람들을 이상하거나 특이하다고 보아왔다면, 그 사람의 이면에 이런 특성이 있는 거구나로 이해하면서 이상하다고 봐 왔던 틀을 바꾸는 효과가 있는 것이다. 이상하구나, 틀리구나가 아니라 다르구나를 받아들일 수 있게 해 준다.

검사할 때마다 결과가 다르게 나와서 어떤 것이 진짜 나의 유형인가라는 고민을 하게 되는 경우가 많다. MBTI는 여러 번의 표준화(standardization)를 거쳐 심리검사의 필요 조건인 타당도와 신뢰도를 높여온 검사이다. 그러므로 내가 순간순간에 대한 반응을 한 것은 아닌지 생각해 보자. 순간순간으로 반응한다면 오늘 검사와 내일 검사가 다를 수 있다. 따라서 선호하는 것이 무엇인지에 대해 생각하고 반응하도록 해 보자.

또한, 검사결과가 다르게 나왔다고 해도 네 가지 지표가 다 다르게 나오지는 않고 대개 한두 가지 지표가 다르게 나오므로 해당 유형을 모두 읽어보면서 어느 것이 나에게 맞는지 찾아보자. 성격유형검사는 결정을 지어주는 것이 아니라 나의 성격유형을 안내하고 진짜 성격유형은 어떤 것인지 찾아가도록 돕는 것일 수 있다. 자신의 진짜 유형을 찾아낸 다음, 어릴 적부터의 자신의 모습을 그제야 수긍하고 자신을 수용하게 되어 기쁘다고 말하는 사람들도 많다.

같은 유형도 다르게 행동할 수 있다. ISTJ는 신용을 중시한다고 하니 ISTJ는 반드시 약속을 지킬 것이라고 생각한다든지, 너는 ESFP니까 이럴 것이다라는 태도는 지양하자. 같은 유형이라도 개인이 살아온 배경과 유형의 발달 정도에 따라 당연히 다른 모습을 보일 수 있다. 또, 저 사람은 이런 유형이니까 이럴 것이다는 것은 사람을 유형의 틀에 맞추어 보려는 태도이다. MBTI 전문가들은 사람은 16개의 유형으로 나누어지는 것이 아니라 그 안에 수많은 유형이 있고 모두 다른 고유의 개체임을 강조한다. 단, 유형은 비슷한 모습을 보이는 것에 대한 이해로 받아들인다면 사람에 대한 이해의 지평이 넓어져 안목이 넓어지고 더 수용적인 태도로 사람을 대할 수 있게 된 것이다.

사람에 대한 안목이 넓어지고 다양성에 대해 열려 가면 타인을 대할 때도 융통성이 생긴다. 예를 들어, 고객서비스에 있어 자신이 원하는 욕구를 해결해 주는 것이 더 중요한 고객도 있고, 자신의 감정을 알아주는 것을 더 중시하는 고객이 있을 것이며 말 걸어주는 것을 좋아하는 고객, 조용히 자신의 공간을 존중해 주는 고객이 있을 수도 있다는 식으로 이해가 넓어지고 고객 서비스를 더 고객 중심으로 해나갈 수 있게 된다. 세상에 다양한 사람이 있으며, 적어도 16가지 유형의 사람이 있다고 생각하면 저 사람은 이상하다는 불편감이 줄어들게 되어서 대인관계 스트레스도 많이 감소할 수 있다는 점이 MBTI에서 도움 받을 수 있는 점이다.

직업 선택에 있어 더 어울리는 유형이 있을까? 직업에 따라 더 편하게 할 수 있는 유형이 있겠지만 유형에 따라 직업을 제한하는 것은 좋은 방법이 아니다. 그보다는 자신이 더 끌리는 유형을 찾는 것이 더 바람직하다. 내가 어떤 유형이든 어떠한 직업인이 되길 원한다면 자신이 어떤 장면에서 더 유능할 수 있고 어떤 점에서는 어려울 수 있겠구나로 참고하고, 수긍이 되는 개선점이 있다면 그 점을 보완하도록 신경을 쓰면 된다. 각 유형의 장점을 활용해서 보완적으로 일한다면 업무의 효용성을 높일 수 있다. 예를 들어, J의 준비성과 P의 순발력, N의 직관과 S의 현실성을 보완 관계로 보고 장점 위주로 받아들이며 활용하는 것이다. 또한 관계에서 필연적으로 일어나게 되는 갈등도 유형에 대해 이해하면 줄어들 수 있다. T의 직접적인 표현을 F가 비판으로 여기기보다 객관적인 것으로 받아들일 수 있도록 하는 것이 한 예가 될 수도 있다.

정리된 생각, 새롭게 깨달은 점

Activity 함께 해 봐요!

기질별 그룹 토의

- **목적:** 자신과 타인의 성격유형에 대한 이해를 돕고 성격적 특성을 관찰한다.
- **준비물:** 전지, 보드마카펜
- **방법:**

1. 진단 결과 확인 후 IT(분석형), ET(주도형), IF(우호형), EF(표현형)로 나누어 팀을 만든다.

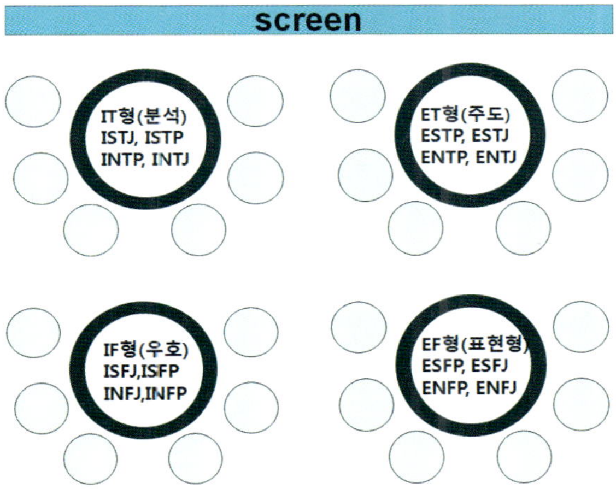

2. 기질 그룹별로 다음의 내용으로 토론하고 발표한다.(토의시간 15분)
   1) 우리들의 성향을 나타내는 그림 또는 상징물
   2) 우리 성향을 가장 잘 표현하는 슬로건 또는 단어
   3) 우리 성향의 장점 3가지 / 단점 2가지
   4) 우리 성향이 좋아하는 사람의 성향 / 불편해 하는 사람의 성향
   5) 우리 성향이 하고 싶은 직업

Chapter 03

자아존중감

CHAPTER 03

자아존중감

학습목표

1. 자아존중감의 의미에 대해 이해한다.
2. 자아존중감이 높은 사람의 특징을 이해한다.
3. 자아존중감을 높이기 위한 구체적 방법을 익힌다.

흔히 자존감이라 말하는 자아존중감은 자신이 가치 있는 존재라고 느낄 때 경험하는 긍정적인 정서이다. 자기 자신에 대해 존재 가치가 있으며 주어진 상황을 해결할 수 있는 능력이 있고 믿을만하다고 여기는 것이 이에 해당한다.

자아존중감을 지닌 사람은 사고를 폭넓게 할 수 있게 되는데 부정적 정서일 때 주로 자기초점식 사고에서 헤어 나오지 못하는 것과 달리, 자아존중감이 높은 사람은 자신과 상황에 대하여 보다 긍정적으로 인식하기 때문에 폭넓고 다양한 대안 사고를 할 수 있어 보다 원만한 의사소통과 대인관계가 가능하다. 이들은 자신에 대해 만족도가 높고 자신의 과오를 인정하며 부정적 감정을 잘 수용하고 조절하는 특징을 가지고 있다. 또한 대인관계에 있어 자신을 가치 있게 여기는 만큼 상대도 가치 있는 존재로 여기기 때문에 편안하고 자유롭게 의사소통을 할 수 있다.

이렇듯 자아존중감을 갖는다는 것은 대학생활 적응과 더불어 미래 사회인으로서 요청되는 중요한 능력이라 할 수 있으며, 이는 자기발견을 통해 진로와 꿈을 찾아가는 데에도 꼭 필요하다 할 수 있다. 특히 대학생 시기에 자아존중감과 의사소통 능력, 대인관계능력을 향상시키는 것은 반드시 필요하며, 이는 자신의 심리적 자원과 관련이 있을 뿐만 아니라 자신의 사회적 자원을 구축하는 데도 도움을 주기 때문이다.

이 장에서는 자아존중감이 무엇이며 어떤 특성을 가지고 있는지 정확히 이해하도록 하고, 어떻게 자아존중감을 높일 수 있는지 방법을 찾아보도록 한다. 이 과정을 통해 자아존중감을 높인다면 의사소통뿐만 아니라 성공적인 삶을 사는 데 도움이 될 것이다.

1. 자아존중감

흔히 '나는 자존감이 낮은 것 같다', '요즘 자존감이 낮아진 것 같다'라는 등 자존감이라는 단어를 많이 사용한다. '나는 이 일을 해낼 능력이 없다', '이런 일은 자신이 없다'라는 등 자신의 능력에 대해서도 자신이 없다는 생각이 들기도 한다.

연구에 따르면 대학생의 자존감은 대인관계와 취업에 유의한 부(−)의 영향을 준다고 한다(장준호 외, 2019). 이 말은 자존감이 증가할수록 취업 불안감이 감소한다는 말이다. 취업 성공을 위해서 뿐 아니라, 장기간이 될 수도 있는 취업의 과정에서 포기하지 않을 수 있도록 취업 불안감을 조절하기 위해서도 자존감을 향상할 필요가 있다는 뜻이 된다. 면접 합격뿐만 아니라 이후 사회생활에 있어 자존감은 지속적으로 영향을 미친다. 기업은 회사를 키워줄 자존감이 높은 사람을 원하기에 자존감이 낮은 사람은 취업 후 대인관계와 사회적 성공에 있어서도 어려움을 겪게 된다.

우리가 흔히 말하는 자존감이란 자아존중감(self esteem)을 말하는 것으로 자신에 대한 주관적 평가로서 자아존중감이 높다는 것은 자신을 수용, 존중하고 자신을 좋아하며 스스로를 가치 있는 인간으로 느끼는 것을 말한다(Rosenberg, 1985; 최혜림, 1999 재인용). 또한 Barker(1987)는 자신에 대한 존경 정도 혹은 자신을 가치 있는 사람으로 여기는 정도를 의미하는 것으로 자아존중감을 정의하였다.

Rosenberg(1985)는 자아존중감이 높은 사람은 행복하고, 안정적이고, 애정이 있고, 에너지가 많으며, 민감하고도 조용하며, 정신이 또렷하고, 목표가 뚜렷하고, 억압하지 않고 순발력이 있다고 하였다. 반면 자아존중감이 낮은 사람은 불행하고, 분노를 느끼고, 위협을 느끼며, 고달프고, 짜증나며, 조직적이지 못하고, 갈등을 자주 경험하며, 억압을 하고, 자아의식이 강하다고 하였다.

Tafarodi와 Swann(1995)은 자아존중감이 높은 사람은 자신이 완전하지 못하고 한계가 있지만 살 가치가 있고 살 능력이 있으며 성장하고 나아지리라고 믿는 반면, 자아존중감이 낮은 개인은 자신에 대하여 불만족이고 자기 거부, 자기멸시의 경험이 잦으며 살 능력, 살 가치가 없다고 느끼는 경향이 있다고 하였다(최혜림, 1999 재인용).

자존감이 높은 사람의 특징을 다시 한번 정리하고, 자부심, 자만심 등 유사 개념의 차이를 통해 자존감에 대해 분명히 이해해 보도록 하자.

1) 자존감이 높은 사람의 특징

- 자존감이 높은 사람은 긍정적인 자아상을 가지고 있다.

  자기의 신체에 장애가 있거나 없거나, 또 학벌이나 지능, 가정환경이나 과거의 실패, 상처 등의 외적 조건과 상관없이 본질적으로 자신은 소중하고 사랑스러우며, 이 세상에 공헌하는 존재라는 믿음을 가지고 있다. 다시 말해서 그들은 내면의 자기가치감이 있다. 그리고 자기 신체와 외모에 대한 만족도도 높다.

- 그들은 타인의 평가에 의해서 크게 좌우되지 않는다.

  설령 어떤 사람이 자기를 폄하거나 오해하더라도 그것으로 인해서 몹시 위축되거나 상처를 입는 일이 적다. 상대방이 내린 평가에 대해서 크게 화를 내고 감정 대응을 하기보다는 자기 감정을 조절할 수 있다. 그리고 객관적이고 합리적인 태도로 상대방과 대화를 나누며 오해와 갈등을 풀어나가려고 시도하고 소신 있게 자기를 표현할 수 있다.

- 그들은 자신감이 있다.

  긍정적인 사고와 미래에 대한 희망과 비전을 가지고 있다. 공부를 할 때도 재미와 호기심을 가지고 주도적으로 임한다. 자신이 실수하고 실패하더라도 자기를 수용하고 격려하며 실패는 성장을 위한 디딤돌이라고 믿는다. 그리하여 비교적 쉽게 좌절감을 떨치고 일어서는 탄력성이 있다.

- 그들은 원만한 인간관계를 맺으며 상대방의 마음을 헤아리고 공감하는 능력이 뛰어나다. 그들은 겸손하나 카리스마와 품위가 있다. 유머감각과 융통성이 있고 삶을 즐기는 여유가 있다. 그래서 친구가 많다.

- 그들은 세상을 조감하는 능력이 있고 변화에 잘 대처하며 좋은 리더가 될 수 있다. 그들에게는 갈등을 조정하고 문제해결적인 토론과 합의를 이끌어내는 능력이 있다.

- 그들은 자기에게 진실하고 자기결정능력이 있다.
자신이 좋아하고 싫어하는 것과 자기 의견을 남의 눈치 보지 않고 솔직하게 표현하며 어려울 때는 도움을 청할 수 있다. 그리고 상대방이 무리한 부탁을 할 때에는 그것을 거절하는 용기도 있다. 또 애정관계가 파탄되었을 때 병적으로 집착하기보다는 이별과 독립성을 추구할 수 있다. 그리고 중요한 일에 대해서 타인의 의견에 따르거나 우유부단하지 않으며 결단을 내릴 수 있다.

- 그들은 사람으로부터 사람들로부터 사랑받고 인정받고 싶은 과도한 욕구와 자의적인 행동에서 자유롭다.
그러므로 사람들에게 심리적으로 착취적이거나 독선적으로 군림하지 않으며 특권의식을 가지고 허세를 부리지 않는다. 외적인 성공, 즉 권력, 재물, 출세에 연연하거나 집착하지 않는다. 다시 말해서 세상에서 성공할 때에나 그렇지 못할 때나 자기 내면의 자존감이 있어서 의연하기에 그들은 건강한 자기를 즐긴다.

2) 자존심, 자부심, 자만심과의 차이

자존심과 자부심, 자만심이란 다른 사람들과 비교해 볼 때 자신에 대하여 느끼게 되는 감정이다. 그에 반하여 자존감이란 상대적인 비교의식에 근거한 감정이 아니고 자기에 대한 관련한 자기 인식이며 생각이다. 우리 문화에서는 서양문화에 비해 성공과 사람 사이의 관계를 중시한다. 그런 맥락에서 볼 때 우리 사회에서는 자존감이라는 말보다는 자신감, 자부심, 자만심, 자존심이라는 말들이 더욱 친숙한 용어로 자리 잡고 있다.

(1) 자존심

민지는 친구들과 같이 영어 학원에 다니는데 그 학원에는 우수반과 보통반이 있다. 민지는 지난 달에 우수반에서 보통반으로 분류되었다. 민지는 창피하고 자존심이 몹시 상했다가 분발하여 열심히 공부해서 다시 우수반으로 올라갔고, 실추된 자존심을 회복하였다. 이럴 때 자존심이란 어떤 사람과 자신을 비교평가는 시점에서 자기 품위를 지키고 자신을 인정하려는 마음이다. 그러니까 자존심은 상대적 비교를 의거하여 가지게 되는 자존감이다.

(2) 자부심

민지는 노래에 소질이 있다. 최근에 대회에 나가서 금상을 받았다. 자기 자신에 대해 뿌듯하고 자랑스러운 감정을 느꼈다. 이것이 자부심이다. 자부심이란 자기의 능력이나 노력에 의한 성공을 경험할 때 느끼는 달콤한 만족감이다.

상을 받든 받지 않든 간에 상관없이 자신은 여전히 사랑스럽고 유능하여 귀한 존재라는 생각을 가지고 살아가는 것이 자존감이다. 자부심은 어떤 면에서 성공하거나 목표를 달성했을 때 일시적으로 느끼는 자존감의 감정이라고 볼 수 있다.

(3) 자만심

민지는 음악에 소질이 없는 친구들을 은근히 무시하고 자신의 음악적 소질에 대해 프라이드를 가지고 있다. 이처럼 우월감과 자기를 자랑하는 마음을 가지고 거드름을 부리거나 교만하게 나올 때 우리는 자만심이라고 말한다. 자만심은 다른 사람들과 비교할 때 자신에 대한 만족감과 우월감에서 우러나온 교만의 감정이라 하겠다.

(4) 자존감

진짜 자존감이 있는 사람은 자기만족감과 자신감을 느끼기는 하지만 우월감으로 으스대며 다른 사람을 무시하는 태도를 취하지는 않는다. 그런 경우 그에게서는 자만심은 찾아보기 드물다. 오히려 자존감이 높은 사람은 상대를 인정해 주며 겸손하고 존경하는 태도로 대한다. 다른 사람과의 관계에서 비교의식을 가지고 우열에 신경을 쓴다는 것 자체가 자신감과 자기가치가 미약하다는 의미가 된다. 자존감이 높은 사람은 자존심에 걸려 있지 않고 자만심을 보이지도 않으며, 다만 지속적인 자부심, 곧 자기만족감을 가지고 생활한다. 그래서 상황에 좌우되어 심리적으로 크게 흔들리지 않으며 의연하고 여유롭다.

인어공주와 신데렐라의 자존감

해피 엔딩으로 끝난 이야기와 그렇지 못한 이야기를 통해 자존감이 어떻게 결말에 영향을 주는지 살펴보자.

안데르센의 동화인 인어공주 이야기를 모두 알고 있을 것이다. 바다에서만 자란 인어공주는 우연히 폭풍에 밀려 죽을 뻔한 육지의 왕자를 살려주었다. 왕자가 자신을 보면 깜짝 놀랄 것이라는 생각에 왕자가 깨어날 때 곁에 있지 못하고 숨어 버려, 왕자는 다른 공주가 자신을 구한 줄 알게 되었다. 인어공주는 왕자를 사랑하게 되었지만, 매끈한 다리 대신 비늘만 있는 꼬리를 가진 자신을 왕자가 사랑해 주지 않을 것이라고 생각했기에 괴로워 했다. 결국 아름다운 목소리를 마녀에게 주고 매끈한 다리를 얻었으나 자신의 의사를 전달할 수 없었기에 왕자의 사랑을 얻을 수가 없었다. 드디어 왕자가 다른 여자와 결혼하게 되는 날 공기가 되어 하늘로 사라지게 되고 만다.

엄마를 잃고 계모에게 구박받던 신데렐라 이야기도 들여다보자. 신데렐라는 재투성이로 구박을 받으며 살았지만 궁궐에서 열리는 무도회를 가고 싶었다. 착한 요정이 신데렐라를 도와주겠다고 하며 멋진 드레스와 호박 마차를 선물해 주어 무도회에 가게 되었다. 왕자는 신데렐라의 아름다움에 반해 춤을 청했고 멋지게 춤을 추다 급하게 돌아오는 바람에 유리 구두가 벗겨져 챙기지 못하고 돌아오게 되었다. 그 다음 결론은 아는 바와 같이 왕자가 유리 구두의 주인공을 찾아와 청혼을 했고 오래 오래 행복하게 살았다는 것이다.

행복하고 아름다운 결말과 슬픈 결말. 어떤 차이가 이런 결말을 만들어 냈을지 자존감의 관점에서 살펴볼 수 있다.

이 두 가지 다른 이야기에서 두 사람은 다른 행동을 한다. 인어공주는 왕자를 구해 준 뒤 숨는다. 왕자가 자신을 보면 놀라고 싫어할지도 모른다는 부정적인 생각을 갖고 있었기 때문이다. 자신을 숨기고 다른 모습으로 변화하려고 했다. 솔직한 모습을 드러냈다면 왕자는 공주의 솔직한 태도와 아름다운 목소리, 선한 마음씨를 좋아할 수 있었을 것이다. 자신이 가진 아름다운 목소리의 소중한 가치를 알지 못하고, 자신이 가지지 못한 것, 즉 인간의 다리에 대한 열망으로 귀중한 자신의 것을 포기하였다.

신데렐라는 어떠했는가. 어려운 상황의 신데렐라에게는 요정이 나타나 호의를 베풀었다. 신데렐라는 이 호의를 감사하게 받아들일 줄 알았다. 남을 도와주지도 않고 도움을 받지도 않겠다거나, 도움만 받겠다거나, 도와주기만 하겠다는 것 모두 낮은 자존감의 발로이다. 신데렐라는 남의 호의를 받아들이는 융통성을 가지고 있었다. 그리고 혼자서 용기 있게 무도회

장으로 갔다. '혼자서 오는 것을 남들은 어떻게 생각할까? 친구도 없는데...'라고 생각한 것이 아니다. 이렇게 자신이 진실로 원하는 것이라면 이렇게 용기를 내야 하는 것이다. 이런 용기가 자신감으로 드러나 미모를 돋보이게 했고 왕자와의 사랑을 이룰 수 있게 한 것이다.

3) 자존감은 왜 낮아질까

자신의 약점, 자신이 가지지 않은 것, 되지 않는 것에 주의를 집중하면 자존감은 매우 빠르게 떨어진다.

"나는 할 수 없다.", "나는 가치가 없다.", "부족하다." 또는 "그러면 안 된다."와 같이 부정적인 믿음을 가지고 있는 경우에도 자존감이 낮아지는 경우가 많다. 이런 사고는 종종 어린 시절에 내면화되었고 살면서 강화되었을 것이다. 내면의 비판적인 목소리는 자존감이 계속 떨어지도록 한다.

- 완벽하기를 원하는 사람은 쉽게 실패한다. 완벽해야 한다는 생각은 엄청난 부담을 만들어 낸다. 실수를 하지 않겠다거나 무언가 완벽하지 못한 것을 두려워하는 완벽주의자가 되면 어떤 시도도 하지 않게 될 수도 있다. 결과적으로 그들의 자존감은 낮아진다.

- 비교는 자존감의 함정이다. 나보다 나은 사람은 자신도 모르게 나보다 잘 하는 사람이나, 내가 원하는 것을 가지고 있는 사람을 찾아낼지 모른다. 자신이 가진 것, 내 물건, 내 자질보다 더 아름답고 더 가치 있다고 본다면, 이미 내 마음은 바닥으로 떨어지게 된다.

- 남들이 어떻게 생각하는지에 너무 신경을 쓰는 것도 자존감을 떨어뜨리기 쉽다. 다른 사람이 기대하는 바를 신경 쓰고 다른 사람들의 인정을 받는 것에 비중을 크게 둔다면, 그들의 충분한 인정을 못받을 때나 작은 비판이라도 상처를 받고 자존감이 쉽게 떨어지게 된다.

2. 자존감 향상

1) 자존감을 높이려면 어떻게 해야 하는가

- 마음이 취약해질 때, 자신의 약점 대신 자신의 강점에 집중해서 생각해 본다. 현재 상황이나 정서 상태에 도움이 될 수 있는 어떤 좋은 방법이 있는가를 찾아본다. 비슷한 상황에서 자신이 무엇을 했던가 생각해 보고, 자신에 대한 의심에서 벗어날 수 있게 하는 것은 무엇인가 찾아본다.

- 자신을 작아지게 만드는 부정적인 신념을 찾아낸다.
  마음속에 깊이 자리 잡은 그 신념을 찾아낸다면 이미 첫 번째 단계를 시작한 것이다. 그 다음 부정적인 신념을 긍정적으로 바꾼다. '나는 정말 가치가 없어', '나는 진짜 부족해'라는 생각을 갖고 있다는 것을 찾았다면 정말 당신은 정말로 가치가 없고, 정말 부족한지 생각해 본다. 즉, 자신도 모르게 마음속에서 울려오는 목소리를 찾아낸 다음, 그 신념이 진실인지 객관적으로 점검해 보는 것이다.

당신의 일상생활을 바탕으로 이 문장을 확인해 보는 것도 좋다. 자신이 가치가 있었던 것, 부족하지만은 않았던 모습을 찾아낼 수 있을 것이다. 가치가 없지 않다는 것, 부족하지 않다는 것을 찾아내어 자신이 그 정도로 심각하지는 않다는 것을 받아들이며 자신의 자존감을 회복한다. 부정적인 신념을 긍정적인 신념으로 바꾸도록 한다.

한 번 생각을 바꾸어도 이전의 부정적인 생각은 다시 올라오기 마련이다. 이 과정을 꾸준히 반복하며 생각을 바꾸도록 노력해야 한다.

1. 자신의 부정적이고 극단적인 신념을 찾는다.

2. 그 신념이 사실인지 객관적으로 생각해 본다.

3. 긍정적인 신념으로 바꾸거나 과도한 부정적인 신념을 완화된 신념으로 바꾼다.

4. 자신에 대한 가치감이 변화함을 느껴본다.

- 실수를 허용한다. 우리는 실수로부터 배운다.

자신에게 잘못을 허용하지 않는 사람들은 최악의 경우 아무 것도 하지 않으므로 행동을 할 수 없게 된다. 아무 것도 하지 않기보다 작은 것이라도 자신이 아는 한에서 최대한 활용하여 해 본다. 실수를 한다 해도 그럴 수 있다고 자신에게 너그럽게 대해 본다. 실수를 했다 해도 삶의 경험을 얻는다는 것은 소중하다.

- 감사하는 마음을 갖는다.

매일 자신과 인생에서 가치 있는 것을 발견하고, 무엇을 좋아하고, 무엇을 감사하고 있는지 깨닫도록 한다. 당신은 항상 당신에게 인생의 풍요로움을 보여주는 무언가를 찾을 수 있을 것이다. 반복해서 하다 보면 이런 일을 찾는 것이 덜 어렵게 느껴지고 이런 관점이 자신의 습관이 되어 자신을 보는 시각이 바뀌게 될 것이다. 긍정심리학에서 자주 사용하는 날마다 감사할 것 3~5가지를 찾아보기 등도 간단하지만 효과적인 방법이다.

- 남들의 시선을 덜 의식하도록 한다.

타인의 인정과 평가가 우리에게 중요하기 때문에 쉽지 않을 수 있다. 그러나 타인과 자신을 분리시켜 생각해 본다든지, 자신을 돌보는 것이 더 중요한 가치임을 인식하면 자신에게 초점을 맞추고 자신을 더 잘 돌볼 수 있게 된다. 남이 인정해 주지 않아도 스스로 가치 있다고 느끼며 살 수 있다. 자신의 가치를 스스로 찾아내고, 어려운 상황에서 스스로를 안정시키도록 한다. 남이 인정해 주지 않아도 괜찮지만 혹시 누가 인정해 준다면 그때는 그것을 기쁜 마음으로 받아들이면 된다.

- 비밀을 털어놓고 수용 받는 경험을 한다.

  자신에 대한 비밀을 간직하기보다 가까운 이에게 속 이야기를 털어놓는 것도 자존감을 높이는 좋은 방법이다. 누구나 힘든 일, 감추고 싶은 일이 있지만 믿을 수 있는 사람, 혹은 심리 상담 같은 과정에서 골방에 숨겨놓은 이야기들을 털어놓고 타인에게 수용되는 경험을 하면 자신 스스로도 자신을 수용할 수 있게 되고 자신의 고통을 시간의 강물 속에 흘려보내고 자신을 따뜻하게 바라보며 수용할 수 있게 된다.

2) 자존감과 감성지능

자존감이 높은 사람의 특징은 EQ, 즉 감성지능(emotional quotient)이 높은 사람의 특징이기도 하다. 감성지능은 인간의 정서적인 능력을 재는 척도로써 EQ가 높아야 대인관계를 잘 할 수 있고, 성공하는 데는 지능지수뿐 아니라 감성지능인 EQ가 높아야 한다고 널리 알려져 왔다. 감성지능은 다음과 같은 다섯 가지 능력을 말한다.

- 자기의 감정 상태를 인식한다.
- 자기의 감정을 조절한다.
- 자기를 동기화하여 잠재능력을 개발한다.
- 다른 사람의 마음을 이해하고 공감해 준다.
- 사람들과 원만한 인간관계를 갖는다.

감정 조절을 할 수 있다면 자신의 마음 상태도 편안해지고 건강한 자아존중감이 형성될 수 있다. 감정 조절은 감정 상태의 인식, 즉 감정 알아차림(awareness)에서 시작된다. 내 감정을 알아야 상황이 나에게 어떤 영향을 미쳤는지 알 수 있고, 주변에 내 상태도 전달될 수 있다.

감정 상태는 누구나 잘 아는 것이 아니냐고 생각할 수 있겠지만 의외로 그렇지 않다. 감정에 대한 감수성은 어릴 적 부모나 주양육자가 아이의 감정을 공감해 주면서 자라는 것이기도 하다. 개인의 내적 욕구가 충족되어 생겨나는 긍정적인 감정뿐 아니라 욕구가 충족되지 않은데서 나타나는 화나 슬픔, 질투심 같은 부정적인 감정을 느껴도 되고 표현할 수도 있는 것이라고 부모나 어른이 공감하고 받아주어야 감정에 대한 인식 능력이 생겨난다.

당당한 자기 표현 역시 감성지능의 개발과 함께 이루어진다. 자신이 어떤 것을 원하며 현재 어떤 감정과 생각을 가지고 있는지 먼저 잘 알아야 하고, 그 다음 그것을 다른 사람에게 표현하는 연습을 해 보는 것이 필요하다.

쉽게 참고할 수 있는 것은 '나－메시지'이다. "네가 날 짜증나게 해!"가 상대를 주어로 하는 '너－메시지'라면 "나는 슬프다."라고 하는 것은 나를 주어로 하기 때문에 '나－메시지'라고 한다. 영어로는 "I feel…", "I think…"로 시작하는 문장이 된다(양아람 · 서현령, 2019). 나－전달법은 자신의 마음을 표현하는 데도 효과적일 뿐 아니라 갈등해결방식으로도 훌륭한 방법이다.

자존감을 높이기 위한 또 한 가지 방법은 내 생각에 대한 책임을 가지는 마음자세이다.

"내 생각에는…"이라고 이야기하는 것은 내 생각이 결정적인 것이 아니라 나의 견해일 수 있다는 태도이다. '나－메시지'는 단지 대화의 기술이라기보다는 내 감정과 내 생각은 나의 것이라는 성숙한 삶의 태도가 들어 있다(양아람 · 서현령, 2019).

자존감을 높여 성공적인 삶을 살 수 있도록 돕는 감정 인식과 자기 표현은 개념 이해와 더불어 꾸준한 연습으로 가능하다. 구체적인 연습법은 다른 장에 따로 소개하도록 하겠다.

3) 바른 자세

몸과 마음은 연결되어 있다는 것은 이미 새로운 사실이 아니다. 장기적인 스트레스나 트라우마와 자세와의 연구는 이미 오래 전부터 되어 왔다. 마음으로 받는 스트레스는 스트레스 호르몬을 분비시키고 근육을 긴장시켜 몸에도 탈이 나도록 만든다. 뿐만 아니라 마음이 위축되면 등이 굽어지고 어깨가 앞으로 오면서 몸이 작아지는 것처럼 만들게 된다. 마음이 작아지면 몸도 작아지게 되는 것이다.

반대로 자세를 바르게 하면서 작아진 마음을 키울 수도 있다. 힘든 이야기, 슬픈 이야기를 하는 사람에게 감정과 몸의 감각을 알아차리게 하면, 대개 가슴이 답답하다고 하고 어깨와 목 부분이 뻐근하다고 한다. 그런 사람이 등과 허리를 펴고 이야기를 하게 하면 시야가 넓어지면서 답답한 가슴이 조금 편해지는 것 같다고 이야기하는 경우가 많다. 등과 허리를 펴고 가슴을 넓히는 자세는 자존감을 몸속에서부터 확장시켜 준다.

Activity **함께 해 봐요!**

자아존중감 척도

목적: 자신을 어떻게 보고 있는지를 파악하고 자기의식 경향을 알아본다.

	문항	대체로 그렇지 않다	보통이다	대체로 그렇다	항상 그렇다
1	나는 내가 다른 사람들처럼 가치 있는 사람이라고 생각한다.	1	2	3	4
2	나는 좋은 성품을 가졌다고 생각한다.	1	2	3	4
3	나는 대체적으로 실패한 사람이라는 느낌이 든다.	1	2	3	4
4	나는 대부분의 다른 사람들과 같이 일을 잘 할 수 있다.	1	2	3	4
5	나는 자랑할 것이 별로 없다.	4	3	2	1
6	나는 내 자신에 대해 긍정적인 태도를 가지고 있다.	1	2	3	4
7	나는 내 자신에 대해 대체로 만족한다.	1	2	3	4
8	나는 내 자신을 좀 더 존경할 수 있으면 좋겠다.	4	3	2	1
9	나는 가끔 내 자신이 쓸모없는 사람이라는 생각이 든다.	4	3	2	1
10	나는 때때로 내가 좋지 않은 사람이라고 생각한다.	4	3	2	1

로젠버그(Rosenburg)의 자아존중감척도(Self-Esteem Scale)

자존감 테스트 결과

점수가 높을수록 자존감이 높은 것을 의미한다.

30점 이상: 높음
20점 이상: 보통
19점 이하: 낮음

Chapter 04

자존감 향상 실제

CHAPTER 04

자존감 향상 실제

학습목표

1. 자존감 향상을 위해 자신의 장점 찾기를 한다.
2. 자존감 향상을 위한 자기 표현법을 익힌다.

1. 장점 찾기

자아존중감을 높이는 방법 중 한 가지가 자신의 장점을 찾아보는 것이다. 우리는 대개 어릴 적부터 긍정적인 평가를 듣기보다 고치고 발전해야 할 점 위주로 듣게 된다. 이런 말을 주로 듣다 보니 주변인의 판단이 이제는 내 것으로 되어 버려, 부족한 점, 안 되는 점만 보이게 되어 버린다. 자신의 모자란 점은 줄줄 쉽게 이야기할 수 있지만 자신의 장점은 몇 가지 알지 못하고 그것을 남에게 자신 있게 이야기하는 것은 어렵기도 하다.

그러나 사회생활을 할 때에는 자신의 강점, 즉 장점을 어필하는 것이 더 효과적이다. 자신의 장점을 스스로 이야기하며 자존감을 높이고, 스스로도 그 점을 가치 있게 여긴다면 타인에게 자신감 있게 설득력을 가지고 어필할 수 있게 될 것이다.

특히 어려운 일을 앞두었을 때 자신이 일을 해나갈 수 있을지 자신이 서지 않고, 할 줄 아는 것보다 할 줄 모르는 것만 떠오르게 된다. 자신의 부족한 점만 자꾸 떠오르는 것, 역시 객관적인 진실은 아니다. 낮아진 자존감을 높이기 위해 쉽게 할 수 있는 일이 장점 찾아보기이다. 자존감이 낮은 사람이나 자존감이 낮아진 사람은 장점을 찾으라고 하면 "몇 가지 안 돼요."라며 자신 없어 하는 얼굴을 한다.

장점을 찾는 방법은 생각보다 간단하다. 우선 자신의 장점을 스스로 찾아본다. 그다음에는 다양한 주변 사람들에게 자신의 장점과 구체적인 사례를 묻는다(미시건대 연구진이 개발한 피드백을 통한 강점 찾기 RBS 4단계 과정 참고). 자신이 생각하는 장점과 타인이 말하는 장점을 종합해 보면 겹쳐지는 면이 있고 새롭게 발견되는 장점들이 있을 수 있다. 그 과정을 통해 자신의 확실한 장점을 확인할 수 있다.

1) 나의 장점 적기

- 나의 장점을 30가지 이상 찾아 적어본다. 자신이 장점이 없다고 생각하는 사람일수록 목표 개수를 높게 잡고 찾아본다. 대개 장점을 찾아 적어보라고 하면 "몇 가지 안 된다."라고 자신 없는 얼굴을 한다. 하지만 찾다 보면 의외로 많은 것이 장점이다.
- 장점을 무언가 잘 하는 것만으로 생각하지 말고 범위를 넓혀서 생각해 본다. '노래를 잘 한다' 같이 잘 할 줄 아는 특기부터, '왠만한 일에 화를 잘 내지 않는다' 같이 성격적인 면, '피부가 하얗다' 같은 신체적인 면까지 다방면으로 찾아볼 수 있다.
- 장점이 많지 않다고 생각하는 것은 장점을 대단한 것으로 생각해서 그렇다. 아주 사소한 것도 나의 장점이 될 수 있다. 예를 들어 '라면을 맛있게 끓일 수 있다'는 것도, '다리가 튼튼해서 오래 잘 걷는다'도 모두 장점이다.
- 한 가지 장점을 구체적으로 적어서 여러 가지로 살펴본다. '나는 성격이 좋다' 라고 해버리면 자신의 장점이 무엇인지 구체적이지도 않고 한 가지 장점밖에 되지 않는다. 구체적으로 세분화해서 자세히 적어보면 다양하게 자신의 장점을 생각해 낼 수 있다.
- 장점이 생각나지 않는다면 나의 가족에게 물어 본다. 부모님이 생각하는, 친구들이 생각하는 나의 장점은 무엇인지 물어보다 보면 의외의 장점을 발견할 수 있게 된다.
- 장점으로 생각나는 것에 대해서는 그 이유도 생각해 보고 에피소드가 있다면 간단히 정리해 본다. 학창시절 사례도 좋고 일상에서 누군가에게 베풀었던 선의도 좋다. 사소한 것이라도 적어본다.

나의 장점
1
2
3
4
5
6
7
8
9
10
11
12
13
14
15
16
17

18
19
20
21
22
23
24
25
26
27
28
29
30

2) 장점을 찾은 뒤

- 장점을 적은 다음 가까운 친구 앞에서 읽어본다. 자신이 장점이라고 생각한 이유를 간략하게 얘기해 보아도 좋다.
- 다른 친구의 장점도 똑같이 들어본다. 여럿이 모여서 해도 좋다.

- 장점을 이야기한 다음 어떤 생각이 들었는지, 다른 사람의 이야기를 들으며 어떤 생각이 들었는지 나누어본다.
- 장점을 찾아보고 자신에 대한 긍정적인 태도를 찾는 것이 자존감 향상을 위한 기초이다. 장점 찾기를 통해 찾아낸 나의 특성은 무엇이라고 볼 수 있는가. 장점들의 핵심 특성을 정리해 보자. 예를 들면 대인관계 친화력이 될 수도 있고, 자신감 혹은 진취적 태도, 적극성으로 정리할 수도 있다. 자신의 특성을 표현할 수 있는 키워드를 다음에 적어보자.

3) 자신을 표현할 수 있는 키워드는?

자기 강점 모르는 응시자는 취업면접 때 탈락 1순위

- 성공과 실패를 가르는 요인은

  "되는 친구들은 제가 보기에 두 가지다. 절박함이 있거나 욕심이 있다. 안 되는 친구들은 피플 스킬(people skill)이 좀 약한 이들이 많다. 자기소개서나 면접에서 표출된다. 핵심은 '자존감'이다. 자존감이 있어야 뭔가 일이 잘 안 풀리더라도 결국에는 뭔가를 만들어 낸다. '자존감이 약하면 귀신같이 알아보고 탈락시킨다'고 채용 베테랑들이 말한다."

- '여자들은 어떤 남자를 좋아하는가'에 대해 어떤 책에서 보니 자신감 있는 남자에게 끌린다고 했다. 키가 크건, 잘생겼건, 돈이 많건, 머리가 좋건, 힘이 세건…. 근거가 무엇이든지 남자의 자신감이 표출되면 여자가 포착한다는 주장이다. 취업에 필요한 자신감 · 자존감은 어디서 나오는가.

  "강점에 기초할 수밖에 없다. 자신의 큰 키를 강점으로 여겨야 강점이다. '나는 키가 너무 커' 그러면 약점이 된다. 자신의 강점을 파악하고 강점에 기초해 자존감을 키우는 게 중요하다. 물론 자존감이 지나쳐 잘난 척하게 되면 마이너스다. 그런 경우 균형을 다시 맞춰야 한다."

- 강점을 스스로 발견할 수 있나.

  "있다. 주위 사람에게 물어보면 된다. '나를 보면 어떤 에피소드가 생각나니'라고 물어보면 '네가 예전에 이렇게 저렇게 했잖아'라는 답이 올 것이다. 사람 눈이란 게 다 비슷하다. 공통적으로 나오는 이야기에서 강점을 추릴 수 있다. 코칭(coaching) 등 전문적인 도움을 받는 것도 좋다. 그런데 사실 학생 자신도 안다. '내가 어떤 사람인지 알아보겠다'고 나서면 충분히 파악이 된다."

고려대 경영대 선현주 산학협력실장

출처: 중앙일보(2014.10.05. 일부 발췌)

2. 감정 알아차림

자아존중감을 높이는 방법으로 알아차림과 자기표현이 도움이 된다. 알아차림(awarness)은 자신의 감정, 욕구, 생각 등이 자신의 내면에서 일어나고 있음을 인식하는 과정이다. 특히 감정 알아차림은 자기에 대한 이해이기도 하고 자기의 깊은 수준의 접촉(contact)이기도 하다. 이런 감정 알아차림을 바탕으로 스스로를 이해하고 수용할 수 있게 되며 자신을 존중하는 능력, 즉 자아존중감을 높여 갈 수 있게 된다.

감정 알아차림은 의사소통에서도 필수적인 요소이기 때문에 공감과 경청 그리고 자기표현의 장에서 더 자세히 다룰 것이지만 이 장에서도 간략히 소개한다.

자기표현 역시 자아존중감 향상에 필수적이다. 자기의 의견, 감정을 표현하고 주장도 할 수 있게 되면 자아존중감이 높아지는 것은 당연한 결과이기 때문이다. 자기표현은 의사소통의 중요한 한 축이기 때문에 별도의 장에서 다루도록 하겠다.

감정 알아차림과 감정 전달을 위해서는 자신의 감정을 명명하는 것이 우선되어야 한다. 감정에 이름 붙이기 작업을 해 보자.

불쾌한 감정을 느꼈던 최근 경험을 떠올려본다.

1) 언제였는가.

2) 어떤 상황이었나.

3) 그때 어떤 감정을 느꼈나. 감정 단어 목록을 활용하여 감정을 표현할 수 있는 단어를 찾아보자. 상황에 대해 느끼는 감정은 한 가지가 아닐 수 있다는 사실도 기억하자.

4) 그 감정은 얼마나 강렬했는가. 감정 명명까지가 감정 인식의 단계이지만 감정의 강도를 느끼는 것도 자신의 감정을 생생하게 접촉하여 조절할 수 있도록 돕는다. 강도도 함께 살펴보자. 덧붙여 그때의 신체 감각까지 살펴본다면 조절에 더 도움을 받을 수 있다.

상황	감정	강도(1~100)

■ 참고: 감정단어 목록

기쁨	분노, 미움	두려움, 불안	슬픔	우울, 좌절
정답다	얄밉다	긴장되다	서럽다	실망하다
훈훈하다	어이없다	심란하다	애잔하다	마음이 무겁다
포근하다	구역질나다	주저하다	그립다	괴롭다
행복하다	거부감이 들다	위축되다	외롭다	갑갑하다
뿌듯하다	역겹다	주눅 들다	고달프다	좌절스럽다
흐뭇하다	싫다	낯설다	서글프다	침울하다
감격스럽다	밉다	서먹서먹하다	절망스럽다	멍하다
벅차다	야속하다	무안하다	아쉽다	창피하다
감동스럽다	가증스럽다	멋쩍다	가슴이 아프다	허탈하다
신기하다	원망스럽다	무섭다	먹먹하다	피곤하다
경이롭다	반감이 들다	놀라다	불쌍하다	지겹다
즐겁다	짜증나다	겁나다	처량하다	맥 빠지다
우습다	귀찮다	당황스럽다	초라하다	힘들다
재미있다	치사하다	끔찍하다	안쓰럽다	민망하다
황홀하다	괘씸하다	이상하다	애틋하다	수치스럽다
유쾌하다	답답하다	갑작스럽다	가엽다	모멸스럽다
통쾌하다	욱하다	불안하다	고달프다	후회스럽다
가볍다	경멸스럽다	두렵다	서글프다	비참하다
개운하다	언짢다	고민스럽다	애통하다	죄책감이 들다

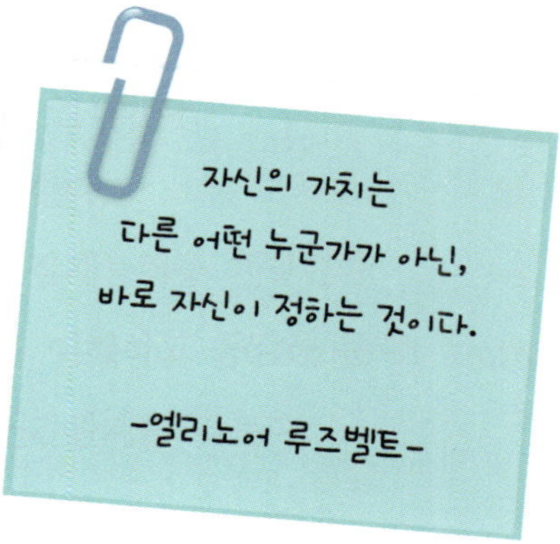

Activity 함께 해 봐요!

자존감 선언

나는 나다.
온 세상 천지에 나와 같은 다른 사람은 존재하지 않는다.
나와 비슷한 사람은 있겠으나 나와 완전히 똑같은 사람은 없다.
그러므로 나로부터 나오는 모든 것은 진정 나의 것이다.

나는 나에 관한 모든 것을 소유한다.
내 몸과 몸이 하는 모든 것,
내 정신과 그 속에 담겨진 모든 생각과 사상들,
내 눈과 그 눈들이 보는 모든 모습들,
내 입에서 나오는 공손하거나, 달콤하거나 거칠거나 옳거나 그른 모든 말들,
그리고 나 자신이나 다른 사람들에게 한 나의 모든 행동들
나는 나의 꿈과 희망과 공포심을 소유한다.

나는 나의 모든 업적과 성공과 실패와 잘못을 소유한다.
나는 나 자신의 모든 것을 소유하기 때문에 나 자신과 친밀하게 사귈 수 있다.
그렇게 하여 나는 나를 사랑할 수 있고 나의 모든 면과 친해질 수 있다.

나 자신에게는 나를 궁금하게 하는 면이 있고
또 있는지도 몰랐던 면이 있다는 것을 안다.
그러나 나 자신을 친절하고 사랑스럽게 대하는 한, 나는 용감하고 희망차게
내 문제의 해결책을 찾고 내 자신에 대해서도 좀 더 알아낼 수 있을 것이다.

내가 어떻게 보이고 들리든, 무엇을 말하고 행동하든,
또 주어진 순간 무엇을 생각하고 느끼건 그 모든 것은 나다.

나중에 나의 모습과 목소리와 말과 행동과 생각과 감정을 살펴보면
어떤 부분들은 알맞지 않다.
나는 그 알맞지 않은 부분을 버리고 알맞은 것만 간직하며,
버린 부분 대신 새로운 무엇을 만들어 낼 수 있다.

나는 보고 듣고 느끼고 생각하고 말하며 행동할 수 있다.
나는 생존하고, 남과 가깝게 지낼 수 있고, 생산적인 사람이 될 수 있고,
내 주위의 세상 사람들과 일들을 이해할 수 있다.

나는 나의 주인이며 나는 나를 조절할 수 있다.
나는 나이며 나는 괜찮다.

버지니아 사티어(Virginia Satir)

Chapter 05

의사소통 유형과 소통의 걸림돌

CHAPTER 05

의사소통 유형과 소통의 걸림돌

학습목표

1. 자신의 의사소통 유형을 파악하여 변화의 동기를 가진다.
2. 의사소통을 방해하는 걸림돌을 이해하여 의사소통 향상에 도움을 받는다.

우리는 어떻게 타인과 의사소통을 하고 있을까? 사람을 대하는 상황에서 우리가 반응하는 방법은 자신이 자라 온 환경에 따라, 혹은 자신의 성격에 따라 어느 정도 일정한 틀이 형성된다. 많은 학자들이 의사소통의 방식의 특징을 연구하였는데 미국의 가족치료사인 버지니아 사티어(Virginia Satir)는 몇 가지 의사소통의 방식을 나누었다.

이 장에서는 버지니아 사티어가 분류한 의사소통의 유형을 살펴보고 검사를 통해 자신의 의사소통 유형을 찾아보면서 자신이 변화해야 할 부분은 어느 것이며 장점은 어떤 것인지 변화의 동기를 찾아보고자 한다.

또한 우리는 자신도 모르게 의사소통의 방식에서 효율적인 의사소통을 방해하는 의사소통의 걸림돌을 사용하기도 한다.

의사소통의 걸림돌은 말하는 사람이 상대를 도와주려는 의도라고 생각하는 경우도 많지만 실제로는 상대로 하여금 입을 다물게 하거나, 자존감을 낮추게 하는 등 말하는 이가 의도하지 않은 결과를 가져오고 관계를 멀어지게 하는 경우가 많다. 우리가 일상에서 타인에게 하는 흔히 하는 이 걸림돌을 살펴보면서 이런 반응이 왜 걸림돌이 되는지 살펴보고 이해한다면 적어도 진정한 소통을 방해하는 걸림돌을 피해갈 수 있을 것이다.

1. 의사소통 유형

'의사소통 유형'은 의사소통 방식의 특징을 특정한 기준에 따라 분류한 것으로서, 학자마다 다른 기준을 설정하여 유형을 나누고 있다. 미국의 가족치료사인 버지니아 사티어의 '다섯 가지 의사소통 유형'이 대표적이다.

사티어는 사람들이 긴장 상태에서 사용하는 대처방식과 의사소통의 방식에 대한 연구를 통해 자아존중의 3대 요소로 자신, 타인, 상황을 들었다. '자신'은 자신에 대한 애착, 사랑, 신뢰, 존중을 통해 갖게 되는 가치와 자신의 유일성을 말한다. '타인'은 다른 사람과의 관계에서 형성되어 다른 사람에 대해 느끼는 것으로서 다른 사람과의 동질성, 이질성, 상호작용에 대한 것을 말한다. '상황'은 주어진 여건과 맥락을 말한다.

이 세 가지 요소 중 어느 한 가지라도 온전하지 못하면 역기능적이라고 보았다. 궁극적인 의사소통은 이 세 부분이 순기능을 하도록, 즉 일치하도록 하는 것이다. 이런 기준으로 의사소통을 나누면 다음 다섯 가지가 된다.

1) 회유형

회유형(placating)은 자신의 내적 감정이나 생각을 무시하고 타인의 비위를 맞추려는 유형이다. 다른 사람들의 의견에 동조하고 비굴한 자세를 취하며 사죄와 변명을 하는 등 지나치게 착한 행동을 한다. 갈등 상황에서 빠르게 사과하고 상대 의견에 반대하지 않는 편이다. 의존적인 성향을 보이며 감정적으로 상처를 많이 받고 슬픔이 걱정이 많은 편이며 자신의 감정을 억제하는 만큼 억눌린 분노가 잠재해 있다고 볼 수 있다.

2) 비난형

비난형(blaming)은 '타인'을 무시하고 '자신'과 '상황'을 존중하는 유형이다. 자신을 강하게 보이기 위해 상대의 결점을 발견하여 비난하고, 타인의 말이나 행동을 통제하려는 경향을 보인다. 외면적으로 공격적 행동을 보이지만 내면적으로는 자신을 외로운 존재라고 여긴다. 분노와 비난, 고함과 화난 표정 등으로 의사를 표현하지만 스스로 통제 불능에 대한 두려움을 느끼기도 한다.

3) 초이성형

초이성형(computing)은 '자신'과 '타인'은 무시하며 '상황'만을 존중하는 의사소통 유형이다. 원리원칙과 규칙을 중시하여 어떠한 상황에서도 객관성을 보이기 위해 노력한다. 감정을 잘 표출하지 않으며, 이성적이고 냉정하다. 내면적으로는 타인뿐 아니라 스스로에게조차 소외감을 느끼며, 논리를 지향하는 이면에는 감정적인 요소들에 대한 갈증을 가지기도 한다.

4) 산만형

산만형(distracting)은 '자신', '타인', '상황'을 모두 무시하는 유형이다. 말과 행동이 불일치하고, 상황과 무관한 행동을 한다. 안절부절못하고 계속 몸을 움직여 과활동증에 빠지거나, 반대로 행동하지 않는 저활동증의 행동성향을 보인다. 상황을 회피하기 위해 농담을 던지거나 의미 없는 이야기를 늘어놓기도 한다. 내면에는 모두가 자신을 거부한다는 생각을 가지고 있어 고독감을 느끼고 자신을 무가치하다고 여기기도 한다.

5) 일치형

일치형(leveling)은 '자신', '타인', '상황'을 모두 존중하는 의사소통 유형으로, 소통의 내용과 내면의 감정이 일치한다. 자신의 감정을 언어로 정확하고 적절하게 표현할 줄 알며, 심리적으로 안정된 유형이다. 자신의 감정과 생각, 기대, 자신이 원하는 것과 원하지 않는 것에 대한 표현이 정직하고 개방적이다. 사티어는 다섯 가지 유형 중 '일치형'만이 '기능적 의사소통 유형'이라고 보았다.

사티어는 사람들이 스트레스를 받으면 건강한 방식으로 관계를 맺기보다는 위험한 상황에서 대처하던 생존방식으로 관계를 맺는다고 설명하였다. 이 생존방식은 어린 시절 가족으로부터 배우는 것이라고 한다. 그렇다면 나의 의사소통 유형은 어떠할까? 사티어의 의사소통 유형검사를 통해 알아보자.

사티어 의사소통 유형검사

깊은 생각보다는 평소 자신의 모습이라고 느껴지는 곳에 O표 합니다. 누구에게 보이기 위한 것이 아니라 자신을 알기 위한 것이므로 가장 솔직한 답변이 가장 정확한 결과를 볼 수 있습니다.

- 다음 글을 읽고 자신에게 해당하는 문항의 괄호 안에 O표 하십시오.

1. 나는 상대방이 불편하게 보이면 비위를 맞추려고 한다. (　　　)
2. 나는 일이 잘못되었을 때 자주 상대방의 탓으로 돌린다. (　　　)
3. 나는 무슨 일이든지 조목조목 따지는 편이다. (　　　)
4. 나는 생각을 자주 바꾸고 동시에 여러 가지 행동을 하는 편이다. (　　　)
5. 나는 타인의 평가에 구애받지 않고 내 의견을 말한다. (　　　)
6. 나는 관계나 일이 잘못 되었을 때 자주 내 탓으로 돌린다. (　　　)
7. 나는 다른 사람들의 의견을 무시하고, 내 의견을 주장하는 편이다. (　　　)
8. 나는 이성적이고 차분하며 냉정하게 생각한다. (　　　)

9. 나는 다른 사람들로부터 정신이 없거나 산만하다는 소리를 듣는다. (   )
10. 나는 부정적인 감정도 솔직하게 표현한다. (   )
11. 나는 지나치게 남을 의식해서 나의 생각이나 감정을 표현하는 것을 두려워한다. (   )
12. 나는 내 의견이 받아들여지지 않으면 화가 나서 언성을 높인다. (   )
13. 나는 나의 견해를 분명하게 표현하기 위해 객관적인 자료를 자주 인용한다. (   )
14. 나는 상황에 적절하지 못한 말이나 행동을 자주하고 딴전을 피우는 편이다. (   )
15. 나는 다른 사람이 내게 부탁을 할 때 내가 원하지 않으면 거절한다. (   )
16. 나는 사람들의 얼굴 표정, 감정, 말투에 신경을 많이 쓴다. (   )
17. 나는 타인의 결점이나 잘못을 잘 찾아내어 비판한다. (   )
18. 나는 실수하지 않으려고 애를 쓰는 편이다. (   )
19. 나는 곤란하거나 난처할 때는 농담이나 유머로 그 상황을 바꾸려 하는 편이다. (   )
20. 나는 나 자신에 대해 편안하게 느낀다. (   )
21. 나는 타인을 배려하고 잘 돌보아 주는 편이다. (   )
22. 나는 명령적이고 자시적인 말투를 자주 사용하기 때문에 상대가 공격받았다는 느낌을 받을 때가 있다. (   )
23. 나는 불편한 상황을 그대로 넘기지 못하고 시시비비를 따지는 편이다. (   )
24. 나는 불편한 상황에서는 안절부절못하거나 가만히 있지를 못한다. (   )
25. 나는 모험하는 것을 두려워하지 않는다. (   )
26. 나는 다른 사람들이 나를 싫어할까 두려워서 위축되거나 불안을 느낄 때가 많다. (   )

27. 나는 사소한 일에도 잘 흥분하거나 화를 낸다. ( )
28. 나는 현명하고 침착하지만 냉정하다는 말을 자주 듣는다. ( )
29. 나는 한 주제에 집중하기보다는 화제를 자주 바꾼다. ( )
30. 나는 다양한 경험에 개방적이다. ( )
31. 나는 타인의 요청을 거절하지 못하는 편이다. ( )
32. 나는 자주 근육이 긴장되고 목이 뻣뻣하며 혈압이 오르는 것을 느끼곤 한다. ( )
33. 나는 나의 감정을 표현하는 것이 힘들고, 혼자인 느낌이 들 때가 많다. ( )
34. 나는 분위기가 침체되거나 지루해지면 분위기를 바꾸려 한다. ( )
35. 나는 나만의 독특한 개성을 존중한다. ( )
36. 나는 나 자신의 가치가 없는 것 같아 우울하게 느껴질 때가 많다. ( )
37. 나는 타인으로부터 비판적이거나 융통성이 없다는 말을 자주 듣기도 한다. ( )
38. 나는 목소리가 단조롭고 무표정하며 경직된 자세를 취하는 편이다. ( )
39. 나는 불안하면 호흡이 고르지 못하고 머리가 어지러운 경험을 하기도 한다. ( )
40. 나는 누가 나의 의견에 반대해도 감정이 상하지 않는다. ( )

출처: 김영애(2004). 사티어 의사소통훈련 프로그램. 김영애가족치료연구소.

채점 및 해석

위에서 O표한 것을 골라 유형별로 나누어 숫자를 더하여 적는다.

- **회유형**: 1,6,11,16,21,26,31,36
- **비난형**: 2,7,12,17,22,27,32,37
- **초이성형**: 3,8,13,18,23,28,33,38
- **산만형**: 4,9,14,19,24,29,34,39
- **일치형**: 5,10,15,20,25,30,35,40

그 중 가장 많은 수가 나온 유형이 바로 나의 의사소통 유형이다. 이것은 기분이 좋았을 때, 마음의 동요가 없을 때는 거의 나타나지 않지만 화가 나거나 내 뜻이 잘 전달되지 않을 때 상대를 향한 나의 의사전달 유형이라 할 수 있다.

네 가지 역기능적 의사소통 유형

- **회유형:** 자존감을 무시하고 무조건 남의 기분을 맞추려고 애쓰고 사과하고 결코 반대하지 않으면서 언제나 비위를 맞추면서 말한다. 나 자신이 살아남고 안정을 유지하려는 스타일. 상대방에게 "예"라고 대답. 회유할 때 자신은 편안함을 느끼지 못하면서 다른 사람에게는 편안하게 대해 주려고 한다.

- **비난형:** 회유형과 정반대. 자기주장이 강하고 독선적이며 명령적이고 지시적이다. 자신을 보호하기 위해 남의 잘못을 찾고 상대의 탓으로 돌리며 우월하게 행동하며 타인을 무시한다. 비난하기 위해서 다른 사람의 가치를 격하시키고 자신과 상황에만 가치를 둔다. 이들의 깊은 내면은 낮은 자존감을 털어놓으면 죽을 것으로 생각할 정도로 실패감에 빠져 있다.

- **초이성형:** 의사소통에 있어 자신이나 다른 사람을 과소평가하는 경향을 갖는다. 지나치게 합리적인 상황만을 중요시하며 기능적인 것만을 말하고 대부분 자료와 논리를 중요시 한다. 이들의 특징은 인정없는 객관적인 것이다. 초이성형의 내면에는 나는 상처받기 쉬우므로 적절한 말만 하고 감정을 보이지 않으려 열중해 있다. 따라서 어떤 일이 있어도 실수하지 않으려고 애를 쓴다.

- **산만형:** 초이성형과 정반대. 토론 주제에 대한 사람들의 관심을 분산시키고 생각이 자주 바뀌며 동시에 혼란스러운 행동을 보인다. 생각 없이 책임 없는 말을 하거나 다른 사람 말과 맞지 않는 내용으로 의사소통을 하고 주의집중을 잘 못한다. 산만형의 내부감정은 혼란스럽고 소외감을 느낀다. 주위산만자는 자신과 타인을 위한 모든 욕구들을 숨기고 상대방에게 웃음을 자아냄으로써 거부되지 않으려고 노력한다.

2. 의사소통의 걸림돌

주변에 고민이 있는 사람과 이야기를 할 때, 나름대로 열심히 듣고 안타까운 마음에 성심껏 이야기를 했다고 생각했는데 저쪽 반응이 시큰둥할 때가 있다. 혹은 반응이 별로이거나 내 기분이 별로라고 생각이 들 때도 있다. 이럴 때는 혹시 내가 의사소통의 걸림돌을 쓴 것은 아닌지 생각해 보아야 한다. 말해 주는 사람은 애써서 해 주는 것이지만 듣는 사람에게 도움이 되지 않거나, 어쩌면 말해 주는 사람의 잘난 척 정도로 이해되지 않기 위해서 확인해야 할 부분이다.

1) 해결책

"이렇게 해 보면 어때?", "이렇게 해 봐."

상대가 힘들어하는 고민을 이야기할 때 나름의 해결방법을 제시해 주는 경우가 많다. 이것은 상대의 상황을 안타깝게 여겨 나름 도와주고 싶고, 이렇게 하면 문제가 해결될 것 같아 제시해 주는 것이기도 하다.

그런데 이런 마음이 무엇이 잘못일까? 해결방법을 제시하는 것이 어떻게 걸림돌로 작용할까? 그것은 입장을 바꾸어 해결방법을 제시받았을 때를 생각해 보면 이해할 수 있다.

친구와의 불화나 직장 상사와의 고민을 이야기했을 때, “헤어지는 게 좋겠다. 그런 사람은 안 만나는게 좋아.”라거나 “회사 그만두고 딴 회사 가.”라는 말을 들었다고 하자. 힘이 되는 이야기일 수도 있지만 ‘말이 쉽지. 현실적으로 그게 쉽냐고’라는 마음에 반발심이 생길 수도 있고, 어떤 사람은 그런 해결방법을 실천해내지 못하는 것에 대한 부담감을 가질 수도 있다.

무엇보다도 해결책을 제시하는 사람은 무언가 방법을 아는 사람이고 듣는 사람은 방법을 모르는 사람 같은 느낌이 든다는 것도 해결방법이 걸림돌로 작용하게 되는 이유가 되기도 한다. 어떤 사람은 나는 지금 해결책을 원하는 것이 아니라 내 힘든 마음을 이야기하고 싶은 것이라고 생각할 수도 있다. 해결책을 제시하는 사람은 자신의 마음을 들여다 볼 필요가 있다. 얼른 결론을 짓고 싶은 것은 아닌지, 이 이야기를 끝내고 싶은 것은 아닌지, 내가 상대를 도와줘야 한다고 압박감을 느끼는 것은 아닌지 하고 말이다. 상대가 원하는 것에 관심을 가지기보다 자신의 급한 마음, 도와주고 싶은 마음에 앞서서 해결책을 제시하는 것은 아닌가 하는 이야기이다. 그래서 상대가 정말 해결방법을 원하는 것인지 잘 살피고, 또 자신이 제시하는 해결방법을 강요하지 않는 선에서 해결방법을 제안하고 참고하도록 하는 선으로 이야기하는 것이 좋다.

2) 명령

“네가 해야 하는 일은 ~야.”, “불평 그만해~!”

이래라 저래라 하는 것을 듣는 것을 좋아하는 사람은 별로 없다. 명령은 자신의 의사와 상관없이 이행해야 하는 것이기 때문이다. 상하관계나 서열의 개념은 점점

약해지고 있는 것이 우리 사회의 변화이다. 직장에서 상사이든, 친구 동료 관계에서 나이가 위라든지 일의 선배라서 자연스럽고 당연하게 "이렇게 해~!", "저렇게 해~!"라고 했을 때 생각보다 상대의 반발을 살 때가 있다. 말하는 입장에서는 이렇게 해, 저렇게 해 하는 것이 엄청난 압박도 강요도 아니라고 생각하고 이야기했어도 상대가 그 점을 불편하게 느낄 수도 있다.

그래서 명령보다는 권유나 요청으로 표현하도록 하고 내 말에 대한 상대의 반응을 확인하며 이야기를 한다면 불필요한 갈등을 피할 수 있게 된다.

3) 충고

"너는 그게 잘못이야. 이렇게 했어야지. 이렇게 해 봐라."

충고는 명령보다는 부드럽게 상대에게 전해지고, 상대를 돕는 태도를 이야기가 전달되는 방식이다. 어려움에 처한 이를 도우려는 마음으로 이야기하는 것인데 충고가 도움이 될 때도 있지만 그렇지 않을 때도 있다. 어떠한 때 충고가 도움이 되지 않을까?

"나 소화가 요즘 잘 안 돼."라고 했을 때, "네가 운동을 안 해서 그래. 아침에 일어나서 물을 먹고 운동을 좀 해야지. 채소도 많이 먹고..."라고 했다고 하자. 말하는 사람은 자신이 아는 정보를 전해 주면 문제가 해결될 것이라고 생각하지만, 충고를 받는 사람은 동등한 사람이 아니라 내가 무언가 잘 못했고, 그래서 가르침을 받아야 하는 사람이 된 것 같은 느낌이 들 수 있다. 내가 낮은 사람, 상대는 나보다 무엇을 더 아는 사람이라는 위치의 높낮이가 생겨서 듣는 사람의 기분이 언짢아질 때 충고의 내용은 어딘가로 날아가 버린다. 경우에 따라서는 야단을 맞는 것처럼 느끼는 사람도 있어서 충고를 해 주는 사람의 마음이 전달되지 않게 되어 버린다.

"나는 이렇게 해 보니 좋던데~"라고 견해를 피력하는 정도로만 한다면 듣는 사람은 좋은 정보를 얻어 취사선택할 수 있기 때문에 그런 부담과 오해가 생기지 않을 수 있다.

4) 회유

"다 잘 될 거야. 걱정하지 마."

이런 말을 우리는 잘 해 준다. 누군가 병원에 간다고 하거나, 회사 일이 어려움에 봉착했다고 할 때 위로해 주는 말이다. 이런 말이 어떤 식으로 의사소통에 걸림돌이 될 수 있을까?

위로해 주려는 마음은 전달이 되니 듣는 사람이 섭섭할 것은 없겠지만 때로는 이런 말이 빈 말로 들릴 때가 있다. 긍정적인 말이긴 하지만 별다른 근거 없이 잘 될 것이라고 하는 말은 소위 영혼 없는 빈 말처럼 들리기도 하는 것이다. 말하는 사람의 마음속에 '네가 힘들어 하는 것이 나는 불편해. 그러니 얼른 긍정적인 식으로 생각하고 넘어갔으면 좋겠어.'라는 뜻이 있는지도 모른다. 또한 이 말에는 네가 고통을 견뎌내지 못할 것이라는 메시지가 들어 있기도 하다.

5) 심리분석

"네가 왜 그렇게 한 줄 알아? 네가 ~~해서 그래.", "네가 너무 예민한 거 아냐?"

심리분석이라는 말이 낯설 수도 있지만, 우리는 가볍게 하는 이야기 중에 심리를 분석하는 식으로 상대의 말에 대응을 하기도 한다. 예를 들면, "네가 니네 집에서 장남이잖아. 그래서 네가 책임감이 큰 거야."라는 식으로 개인의 반응의 배경을 나름대로 짐작해서 판단하는 것이다. 이런 분석으로 지레짐작하는 것은 때로 이해받지 못한다는 느낌을 받게 하고 관계의 단절로까지 이어질 수 있다.

6) 빈정대기

"네가 하는 게 그렇지 뭐.", "잘 한다 잘 해~."

이런 빈정거림을 듣는다면 어떤 기분일지는 설명하지 않아도 누구나 안다. 비꼬기 혹은 빈정거림은 대놓고 말하는 지적이나 반대 의견보다도 더 기분을 상하게 하기도 한다. 듣는 이를 존중하지 않고 무시하는 태도가 바탕에 깔려 있기 때문에 듣는 이에게 수치심을 불러일으키게 하기 때문이다. 인간의 존재에 대한 부정적인 평가로 인해 생겨나는 수치심은 모욕감까지 불러올 수도 있기에 빈정거림은 어느 경우에도 피해야 할 태도이다.

Activity **함께 해 봐요!**

당신이 교사이고 다음과 같은 말을 학생이 할 때 어떻게 할 것인가? 교사가 다음과 같은 각각의 반응을 보인다면 학생은 어떤 느낌일지 둘씩 짝 지어 직접 대화식으로 나누어 본다. 짝을 바꾸어서 해 보고 느낀 점을 나눈다.

학생: 선생님, 교실이 너무 더워서 짜증이 나요.

교사: (1) 더운 것 신경 쓰지 말고 공부에나 신경 써!
학생: ... (신경 쓰고 싶어서 쓰나?)

(1) 더운 것 신경 쓰지 말고 공부에나 신경 써!
(2) 자꾸 그런 얘기로 수업 방해하면 너 내보낼 거야.
(3) 올 여름 전기사용이 너무 많을 것 같다는데, 우리는 지금 애국하는 거야.
(4) 덥다고? 집에서 시원하게 있지 뭐 하러 학교 왔니?
(5) 지구가 점점 더워지고 있데. 최후까지 살아남으려면 이 정도는 아무것도 아냐.
(6) 너처럼 불평이 많은 아이는 처음이야!
(7) 온도에 민감한 것을 보니 학습에 대한 열의도 높겠는데? 기대해 보겠어.
(8) 이 정도 더위도 못 참는 사람은 바보야.
(9) 어머 그래, 덥구나. 선풍기를 하나 살까?
(10) 아침에 화통을 삶아 먹었나 보군, 이 정도로 덥다고 하는 걸 보니.
(11) 저런 가엾어라. 그렇게 짜증이 나는데 잘도 참았군.
(12) 더위에 무척 약한데. 그럴 만한 이유라도 있니?

출처: 정문자(2007). 사티어 경험적 가족치료. 학지사; [네이버 지식백과] 의사소통 유형(두산백과) 참조

Chapter 06

경청과 공감

CHAPTER 06

경청과 공감

학습목표

1. 경청의 세부적인 요소를 알고 익힌다.
2. 타인의 말에 공감적으로 반응할 수 있다.

내 말을 듣는 사람이 내 말에 집중하고 잘 들어준다면 어떠한가. 말하는 입장에서 내가 말하려고 하는 것이 잘 전달되는 것 같아 만족스럽고, 내가 존중받는 것 같아 기분이 좋아질 것이다. 힘든 일이 있었다면 좀 더 마음을 열고 생각지도 않았던 이야기까지 털어놓게 될 수도 있고, 그러면서 마음 깊이 있던 상처나 아픔까지 치유될지도 모른다. 갈등관계였다면 마음의 벽이 허물어지고 상대에 대해 새로운 감정이 생겨날 수도 있다.

말을 잘 들어준다는 것은 단지 상대의 이야기를 듣는 수동적인 과정이 아니다. 집중하고 잘 들어주기, 마음을 이해해 주고 감정에 함께 해 주기 같이 듣는 사람의 매우 적극적인 태도가 포함되어 있다. 그래서 경청을 적극적 경청(active listening)이라고도 표현한다.

적극적 경청에는 상대의 감정에 함께 하는 공감(empathy)이 필수적이다. 1909년 미국의 심리학자 에드워드 티치너(Edward Titchner)가 감정이입을 뜻하는 독일어 Einfühlung를 대신하여 도입했다는 공감이라는 단어는, 상대방의 입장이 되어 그 마음이 어떠할지 추측해 보는 심리적 능력을 뜻한다.

나에게 와서 힘든 이야기를 하는 사람, 혹은 신나게 이야기를 하는 사람의 현재 마음은 어떠할지 내가 그 입장이 되어 그 사람처럼 그 감정을 느껴보는 것이 공감이다. 쉽게 말해 역지사지해 보는 것인데 역지사지에 그 감정을 떠올려보고 함께 느껴보기까지 하는 것이 공감이다. 상대의 입장에 공감을 하며 공감한 바를 전할 때, 또 그런 공감을 받을 때, 우리는 사람 그리고 세상과 연결된다는 느낌을 받게 되고 관계는 발전해가며 행복감까지 느끼게 된다.

공감 능력은 타고 나는 것이기도 하지만 성장 과정에서 주변 사람의 공감을 통해 길러지기도 하고 의식적인 노력을 통해서도 자라난다.

이 장에서는 경청과 공감의 구체적인 방법을 살펴보고 연습을 통해 공감 능력을 길러 보도록 한다.

1. 경청

1) 경청의 자세와 태도

아이들이 엄마에게 학교에 있던 여러 이야기를 할 때, 엄마는 몸만 앞에 있을 뿐 머리로는 저녁 식단을 생각하고 있다면 아이들은 귀신같이 알아채고, "엄마 내 이야기 듣고 있어?"하며 묻게 된다. "듣고 있지."라고 하지만 아이들은 내 엄마의 몸만 여기 있을 뿐 영혼은 다른 곳에 가 있음을 알아채고 짜증을 내거나 섭섭해하게 된다. 엄마는 듣는 사람으로써 몸뿐만 아니라 관심이 아이에게 가 있어야 한다. 이런 것을 주의를 기울인다, 주의를 집중한다라고 표현할 수 있겠다.

경청은 상대에 대한 관심에서부터 시작한다. 상대가 궁금하다면 관심을 가지게 되고 그 다음 말하는 장면에서 상대에 대한 주의를 집중(attention)하려는 마음을 내고 경청(active listening)을 하게 되는 것이다.

〈상담의 기술〉이라는 책에서 클라라 힐과 오브라이언은 주의집중과 경청을 하기 위한 선행 작업으로 듣는 이의 자세와 태도에 대해 언급하고 있다. 모든 관계의 의사소통에서 경청이 필수적이지만 특히 심리상담을 하는 사람들은 경청이 필수적이기에 경청의 방법으로 참고해 볼만 하다. 그들은 듣기 위한 자세와 태도로 10가지를 언급했고 머리 글자를 따서 ENCOURAGES라고 했다. 하나씩 살펴보자.

ENCOURAGES

E ......eye 눈을 마주친다. 물론 과도한 눈마주침이 아니라 적절하게 눈을 마주친다.

N ......nods 상대의 말에 고개를 끄덕이며 수긍한다.

C ......cultural difference 상대와 나 사이에 문화적 차이가 있을 수 있음을 인정한다.

O ......open space 상대를 향해 열린 자세를 취한다.

U ......umm '음…'과 같이 상대의 말을 인정하는 반응을 한다. '그랬군요…', '계속 이야기하세요'라는 메시지를 전달하는 효과가 있다.

R ......relax 몸과 마음을 이완하여 편안하고 자연스럽게 대한다.

A ......avoid 자주 웃는다든지, 손을 많이 움직인다든지 하는 산만한 행동을 피한다.

G ......grammatical style 상대방이 쓰는 말투에 어느 정도 보조를 맞추어 반응한다.

E ......ear 세 번째 귀로 듣는다. 즉, 상대의 말의 이면을 생각하고 이해하며 언어적 메시지와 비언어적 메시지에 모두 주목을 한다는 뜻이다.

S ......space 적절한 스페이스, 즉 공간을 유지한다. 너무 가까이 앉거나 너무 멀리 앉아 있지 않도록 한다.

2) 내용을 정확히 파악한다

상대가 말하는 내용을 정확하게 파악하는 것은 매우 중요하다. 너무나 당연한 말 같지만 현실에서는 돌아서면 이것이라고 했던가 저것이라고 했던가 헷갈리게도 되고, 나중에 상대와 들은 이야기를 확인해 보면 서로 말이 달라지기도 한다. 그래서 상대가 하는 말의 내용을 정확하게 듣는 것은 무엇보다 중요하다.

특히 상대의 말이 길어지거나, 상대가 주어와 목적어를 생략한다든지 하면 듣는 이가 정확한 내용 파악을 못하게도 된다. 또 듣는 사람이 주의 집중을 제대로 못하거나 맥락을 이해하지 못했거나, 자신의 선입견으로 내용을 짐작하고도 확인하지 않았을 때 커뮤니케이션은 정확하게 되지 않고 오해가 빚어지게 되거나 일이 틀어지게 된다. 내용의 정확한 파악이 얼마나 중요한지를 체험해 보는 게임을 다음에 소개한다.

3) 재진술과 반영

심리 상담에서 상담자가 경청의 기법으로 많이 쓰는 것이 몇 가지 있다. 상대의 말을 짧게 요약하여 내용을 확인하기도 하고 상대의 말을 비슷한 표현으로 다시 말하는 것을 재진술이라고 한다. 혹은 반영하기라고 하여 "지금 말한 것은 ~~입니까?"와 같이 내용을 확인하는 것도 경청을 잘 하기 위한 한 방법이다.

4) 모르면 질문한다

관공서에 가서 민원인이 되어 어떤 이야기를 듣는다든지, 큰 병원에 가서 진료를 받을 때 그 앞에서는 들으며 이해한 것 같았는데 문 밖을 나오면 무슨 말이었는지 타인에게 설명하려고 하면 들었던 말이 헷갈리면서 정확히 전달하기 어려울 때가 있다. 이런 경우는 이야기를 정확히 소화하지 못한 것이라고 볼 수 있다. 이야기를 들을 때, 상대의 이야기를 요약하여 "이러이러한 것이라는 말씀이지요?"라고 들은 내용을 확인하고, 모르는 내용은 질문을 한다면 이야기 내용을 소화하는 데 도움이 될 것이다.

다 이해하지 못했으면서도 아는 것처럼 고개를 끄덕이고 그 자리를 나온 다음에 곤란했던 경험을 많이 해 보았을 것이다. 모르는 것을 물어보지 않는 것은 어떤 이유 때문일까?

자신이 이해한 것으로 생각했을 수도 있다. 그럴 때는 자신이 이해한 것이 맞는지 요약하여 “이러이러한 이야기이지요?”라고 하는 것이 필요하다. 그렇게 하다 보면 상대는 맞는지 틀리는지를 이야기해 주게 되고, 다시 한번 중요점을 강조하게 되면서 오해가 되는 부분을 없앨 수 있다.

또는 질문을 하는 것이 어려워 그냥 넘어가자고 생각하는 경우도 있다. 상대가 어려운 사람이어서 그럴 수도 있고 공식적인 자리여서 질문하기 어려울 수도 있지만 당장은 알아들은 척 고개를 끄덕이고 넘어갈 수 있다 해도 나중에 더 어려운 일에 봉착할 수 있으므로 용기를 내보는 것이 좋다. 화자는 자신이 한 이야기에 질문하는 청자에 대해 이야기의 내용에 관심이 많다고 여기게 되므로 오히려 더 좋은 인상을 받을 수 있게 된다. 따라서 더 열심히 가르쳐 주게 되므로 관계에는 긍정적 영향을 주게 된다.

Activity 함께 해 봐요!

1. 귓속말 전하기
   - 7~8명씩 한 조가 되어 일렬로 앉는다. 뒷사람은 앞 사람의 등을 바라보고 앉는다.
   - 리더는 맨 앞 사람에게만 간단한 그림을 한 장 보여준다. 앞 사람은 다음 사람에게 그 그림을 말로 설명한다. 이때 뒷사람은 귀마개를 쓰고 있게 하여 자신의 하나 더 앞 사람이 하는 말은 듣지 못하도록 조치한다.
   - 맨 뒷사람은 자신의 앞 사람에게서 들은 이야기를 그림으로 그린 다음 맨 앞으로 나와 전체에게 보여준다.
   - 맨 먼저 그림과 맨 나중 사람이 그린 그림을 비교하여 본다.
   - 나누기한다.

2. 경청하기, 경청 안 하기
   - 2인 1조가 되어 자기 경험 중에서 기뻤던 일이나 슬펐던 일에 대해 약 5분간 이야기한다.
   - 듣는 사람은 말하는 사람을 보고 '음, 저런, 그랬구나'와 같이 관심어린 반응을 보이면서 경청한다.
   - 그리고 다음 5분은 듣는 사람이 의도적으로 다른 곳에 시선을 두거나 무엇을 만지면서 말하는 사람에게 관심을 두지 않는 모습을 연출한 뒤 두 사람이 번갈아 역할연기를 한다.
   - 그 느낌을 전체 참여자에게 발표하도록 한다.

3. 앵무새 놀이
   - 두 사람씩 짝 지어 마주보고 앉는다.
   - 한쪽 사람이 지금 자신의 감정, 느낌, 걱정, 성격 등에 대해 말한다. (나는 ________입니다/합니다)
   - 들은 사람은 가능한 한 그대로 사용하여 반복한다. (당신은 지금________하군요.)
   - 역할을 바꾸어 해 보고 숙달이 되면 상대가 쓴 말을 그대로 쓰지 않고 다른 말로 표현해 본다.
   - 내 이야기가 정확히 전달되었을 때와 그렇지 않았을 때의 느낌을 나누어 본다.

2. 공감적 경청

1) 공감적 경청

공감적 경청은 상대방의 마음에 일어난 것 그대로를 명료하게 이해하기 위해 적극적으로 듣는 것이다. 상대가 문제가 생겼을 때 적극적으로 도와주는 것이 공감적 경청이기도 하다. 공감은 고민하는 사람으로 하여금 무엇이 문제인지 말할 수 있도록 돕고, 상대가 자신의 감정이 무엇인지 찾아보도록 돕게도 해 주고 자신의 감정을 정화시켜주게도 하기에 공감은 상대를 진정으로 도울 수 있는 의사소통 기법이 된다.

공감적 반응의 기본 방식은 "당신이 —했을 때, ---한 감정이 들었겠군요."와 같이 반응하는 것이다. 여기에서는 감정만을 찾아보게 되지만 상대의 마음을 깊이 이해한다면 상대의 욕구까지도 함께 이해할 수 있게 될 것이다. 따라서 상대의 감정과 더불어 그와 관련한 욕구까지 살펴본다면 진정한 공감이 될 수 있다.

> 당신이 ________했을 때 ________한 느낌이 들었군요.
>
> (왜냐하면) 당신은 ________을 원했군요(원했기 때문이군요).
>
> 그래서 당신은 ________하기를 바라는군요 (________하길 원합니까?)

예를 들어, "요즘 너 바쁘니? 어떻게 전화 한 통도 없니. 명절이 다 되가는데 연락도 없고."라고 지방 사는 어머니가 서울에서 혼자 살고 있는 딸에게 전화했다고 하자. 어머니의 느낌은 섭섭함으로 추측해 볼 수 있고, 딸이 보고 싶고 연결되는 것을 원하여 연락해 주기를 바라는 것일 수 있다.

그럴 때, "엄마 내가 전화를 몇 주 동안 안 해서 섭섭했겠어. 내가 보고 싶고 그래서 연락을 해 줬으면 하고 바라는 거지?"라고 해 볼 수 있겠다. 표현 방식은 조금씩 다를 수 있지만 이런 요소를 가지고 상대의 마음을 느껴보고 반응을 하면 공감적 경청이 된다.

Activity **함께 해 봐요!**

다음 예에서 각 사람의 느낌과 욕구를 찾아보고 공감적으로 반응해 보자.

1. "사람들이 너무 이기적이야. 모두 자기 생각만 하고 남은 어떻게 되든 신경을 안 쓰는 것 같아."
   - 이 말을 한 사람의 느낌은?
   - 이 사람의 욕구나 바라는 것은?

2. "어떤 때는 엄마 아빠가 화난 것 같으면 숨어버리고 싶어요."
   - 이 말을 한 사람의 느낌은?
   - 이 사람의 욕구나 바라는 것은?

3. "나는 걔가 나랑 친하다고 생각했어. 힘든 일 있으면 이야기도 하고 말이야. 그런데 어떻게 한마디도 이야기 안 했을까? 혼자서 고민을 얼마나 했을까…?"
   - 이 말을 한 사람의 느낌은?
   - 이 사람의 욕구나 바라는 것은?

4. "나도 걔처럼 아팠으면 좋겠어. 회사 좀 빠지게 말이야."
   - 이 말을 한 사람의 느낌은?
   - 이 사람의 욕구나 바라는 것은?

5. "엄마는 만날 나만 보면 공부 공부야. 눈만 마주치면 학원 이야기만 하고. 아, 정말 돌아버리겠어."
   - 이 말을 한 사람의 느낌은?
   - 이 사람의 욕구나 바라는 것은?

6. "내가 장난으로 이야기한 건데 뭘 그걸 가지고 며칠씩이나 그래~"
   - 이 말을 한 사람의 느낌은?
   - 이 사람의 욕구나 바라는 것은?

■ 참고: 감정단어 목록

기쁨	분노, 미움	두려움, 불안	슬픔	우울, 좌절
정답다	얄밉다	긴장되다	서럽다	실망하다
훈훈하다	어이없다	심란하다	애잔하다	마음이 무겁다
포근하다	구역질나다	주저하다	그립다	괴롭다
행복하다	거부감이 들다	위축되다	외롭다	갑갑하다
뿌듯하다	역겹다	주눅 들다	고달프다	좌절스럽다
흐뭇하다	싫다	낯설다	서글프다	침울하다
감격스럽다	밉다	서먹서먹하다	절망스럽다	멍하다
벅차다	야속하다	무안하다	아쉽다	창피하다
감동스럽다	가증스럽다	멋쩍다	가슴이 아프다	허탈하다
신기하다	원망스럽다	무섭다	먹먹하다	피곤하다
경이롭다	반감이 들다	놀라다	불쌍하다	지겹다
즐겁다	짜증나다	겁나다	처량하다	맥 빠지다
우습다	귀찮다	당황스럽다	초라하다	힘들다
재미있다	치사하다	끔찍하다	안쓰럽다	민망하다
황홀하다	괘씸하다	이상하다	애틋하다	수치스럽다
유쾌하다	답답하다	갑작스럽다	가엽다	모멸스럽다
통쾌하다	욱하다	불안하다	고달프다	후회스럽다
가볍다	경멸스럽다	두렵다	서글프다	비참하다
개운하다	언짢다	고민스럽다	애통하다	죄책감이 들다

Activity 함께 해 봐요!

친구의 이야기를 듣고 다음 여러 방식으로 반응하고 느낌을 나누어 보자.

"나 너무 배가 고파. 요즘 몸무게가 너무 늘어서 다이어트 하잖아. 그런데 탄수화물을 줄이려고 밥을 안 먹었더니 너무 배가 고프네. 그래도 살은 안 빠지고… 작년에 입었던 옷들 이제 다 못입을 것 같아. 너는 많이 먹어도 살도 안 찌지? 넌 좋겠다."

1) 상대에게 의사소통의 걸림돌(충고나 분석 등)로 반응해 본다.

2) 동정심을 표하는 말을 해 본다.

3) 공감반응으로 이야기해 본다.

2) 공감적 경청을 잘 하려면

(1) 내 마음 공감이 우선이다

내가 힘들 때 어떻게 공감이 가능할까? 내가 연인과 헤어져 머리가 혼란스러울 때, 친구가 자신이 새로 산 옷이 마음에 들지 않는다고 이야기를 한다며 그 이야기에 집중이 되고 그 마음에 함께 해 줄 수 있을까?

타인에 대한 관심을 쏟고 공감을 하려 한다면 내 마음에 그만큼 여유 공간이 있어야 한다. 친구가 슬픈 얼굴, 좌절한 얼굴을 하고 있을 때 내가 들어주어야 한다는 것은 알지만 할 수 없다면 "지금 내가 그럴 마음의 여유가 없어."라고 양해를 먼저 구해야 한다. "너도 힘든 건 알겠는데 내가 지금 정신이 없어, 미안해."라고 말이다.

그리고 내 마음에 먼저 공감을 해야 한다. 내 마음에 여유 공간을 만들기 위해 내 마음을 먼저 보살펴야 한다. 나는 지금 무엇이 불편한가, 지금 내 감정은 어떤 것인가 라고.

"아, 내가 지금 해야 할 일이 너무 많고 이것이 부담스러워 마음이 혼란스럽구나." 라고 내 마음을 알아주는 것, 즉 내 마음을 공감해 주고 어느 정도 해소를 해 주는 것이 타인에 대해 공감을 할 수 있는 첫걸음이다.

그래서 의사소통의 첫 걸음은 내 마음 상태 점검이다. 지금 불편한 사람은 누구인가? 나인가? 상대인가? 내가 불편하다면 내 마음부터 공감을 하고 그 다음 상대를 공감하는 것이 순서임을 잊지 말자.

(2) 비난을 받을 때

상대가 나에게 비난이나 비판을 한다면 어떻게 공감해야 할까? 쉽지 않은 상황이다. 비결은 상대의 말을 개인적인 것으로 받아들이지 않으려 하는 것이다. 내 앞에서 화를 내는 사람은 그 사람이 현재 취약하다는 것을 뜻한다. 그 사람의 말 그대로가 아니라 말 이면에 있는 상대의 느낌과 욕구에 주의를 기울여보면 상대의 말에 덜 흔들릴 수 있다.

(3) 의사소통의 걸림돌을 피해야 공감을 할 수 있다

특히 해결책을 찾아주려는 마음이 공감에는 방해가 된다. 일단 상대가 원하는 것이 무엇인지 명확히 한 다음 해결책을 찾을 수 있음을 떠올린다면 조급한 마음을 버리고 공감에 집중할 수 있게 된다.

(4) 공감이 틀렸다 해도 당황해 하지 말자

상대의 마음에 공감해 주려는 나의 마음이 중요하기에 나의 추측이 틀렸다 해도 상대는 자신의 마음을 다시 표현할 수 있게 되고 더 정확한 공감과 공감으로 인한 연결이 가능해진다.

(5) 공감에 대한 부담

공감을 해야 한다는 당위성에서 벗어나는 것도 필요하다. 가까운 친구나 가족에게 공감을 해야 한다는 부담 때문에 "네가 지금 마음이 ~한가 보다.", "네 마음이 ~ 하구나."라는 말을 많이 했지만 오히려 상대에게 긍정적 반응을 얻지 못했다면 공감을 해야 한다는 당위성 때문에 머리로만 생각하여 공감의 제일 중요한 부분인 감정을 함께 한다는 과정을 놓친 것일 수 있다. 이런 상황에서 저 사람이 이런 감정을 느낄 것이다 라는 이성적인 추측으로 "너 지금 슬프겠다.", "너 지금 힘들구나." 라고 한다면 듣는 이는 영혼 없는 반응에 오히려 마음이 섭섭할 수도 있게 되는 것이다. 이럴 때는 공감적으로 반응하고 잘 해 주어야 한다는 자신의 마음에 공감을 하는 것이 우선이다. "내가 지금 부담스러워 하고 있구나.", "내가 이 사람과 관계를 잘 하고 싶은 마음이 크구나."라는 자기 공감을 우선하면 마음에 여유가 생겨 조급하지 않게 상대의 말과 마음에 주의를 기울일 수 있게 될 것이다.

Activity 함께 해 봐요!

상대의 이야기에 공감적으로 반응하는 연습을 해 보자.

- A와 B로 나누어 짝을 짓는다. 최근에 힘들었던 일을 한 가지 찾아본다. 너무나 심각한 이야기보다는 중간이나 중간 이하로 힘들었던 일 한 가지를 찾아본다. A가 힘들었던 일을 이야기한다. 3분 정도로 시간을 정하고 한다.
- B는 A의 이야기에 아, 네 정도로만 공감하고 이야기를 듣는다. 이야기가 끝난 다음에 상대가 느꼈을 감정을 찾아 공감해 준다. "________했을 때, ________한 마음이었겠어요.", "당신이 원하는 것은 ________이고 그래서 ________하길 바라는군요."의 형식에 맞추어 말한다.
- 연습이 끝난 후 나누기를 통해 어떻게 공감 반응을 하면 좋은지, 그런 반응을 받은 사람의 느낌이 어떤지 등을 자세히 나눈다.

Chapter

07

자기 표현

CHAPTER 07

자기 표현

학습목표

1. 공격적 표현, 수동적 표현, 주장적 표현을 이해하고 구분할 줄 안다.
2. 나-전달법의 요소를 이해하고 익히며 나-전달법으로 표현할 줄 안다.

대인관계의 직접적인 매개체인 의사소통은 말하는 사람과 듣는 사람을 통한 말하기와 듣기로 구성되어 있다. 잘 말하기란 어떤 것이고, 잘 듣기란 어떤 것인가. 잘 말하기는 자신의 뜻을 충분히 잘 전달하고 표현하는 것을 뜻하고, 잘 듣기란 반대로 상대의 뜻을 충분히 이해하고 공감하는 것을 말한다. 잘 말하기와 잘 듣기란 어려서부터 늘 하는 것이지만 생활 속에서 자동적으로 익히게 된 것일뿐 구체적으로 배우지 않은 사람이 대부분일 것이다. 앞장에 이어 이 장에서는 잘 말하기에 대해 살펴보려고 한다.

특히 잘 말하기에서는 자신이 하고 싶은 말을 잘 표현하면서도 상대에게 자신의 뜻을 잘 전달하고, 그러면서도 관계를 해치지 않고 돈독히 해나갈 수 있어야 할 것이다. 자신의 뜻을 잘 표현한다는 것은 자신이 하고 싶은 말이 무엇인지 잘 알아야 한다는 것을 전제한다. 때로는 나도 모르는 게 내 마음인데 내 마음을 내가 알아야 상대에게 전할 수 있다. 그렇다면 내 마음, 즉 내가 원하는 것이 무엇인지 내 감정은 무엇인지 상대에게 원하는 것이 무엇인지를 잘 아는 것이 중요하다. 자신의 마음을 잘 들여다 볼 줄 아는 능력은 타고 나는 것이기도 하고, 성장과정에서 부모나 가족과의 상호작용에서 길러지는 것이기도 하다. 하지만 또한 자신이 그 부분에 주의를 기울이는 습관에서 생겨나기도 한다.

이렇게 자신을 잘 안다고 해도 자신의 생각을 드러내는 것이 익숙하지 않다든지, 혹시 관계를 해치지 않을까 염려된다든지 하는 이유로 자신의 생각을 이야기 못하는 경우도 많다. 자기 의견을 이야기해 보라는 말에 "어떻게 내 생각을 다 이야기해요."라고 반응하는 사람들을 종종 보게 되는 것이 이런 이유에서다. 그런 사람은 자신을 표현한다는 것은 상대에 대한 불편한 감정을 가감 없이 드러낸다는 것으로 생각하고 있는 듯 하다. 이 경우 자신의 생각을 표현하는 것에 대한 오해를 살펴보는 것이 필요하다.

이 장에서는 자기 표현에 대해 구분해 보고, 관계를 살릴 수 있고 자신도 존중할 수 있는 말하기 방법인 '나-전달법'에 대해서 살펴보도록 하겠다.

1. 자기 표현

자기 마음을 표현하기 어렵다고 하는 사람들이 있다. 표현하기 어렵다는 것의 내용을 구체적으로 살펴보면 자신을 주장하기 어렵다는 내용일 수도 있고, 요구하기 어렵다는 내용일 수도 있고, 감정 표현을 하는 것이 어색하여 어렵다는 말일 수도 있다.

그중에서도 표현이 어렵다고 하는 많은 경우는 내가 내 표현을 했다가 사람들과 불편해진 경험이 있다고 생각하여 내 마음을 드러내기보다는 내가 좀 참는 것이 낫기 때문이다 라고 결론을 내리고 사는 경우이다. 그런 사람들에게 표현이란 내가 기분 나쁜 것을 드러내는 것이고, 상대에게 화를 내는 것을 뜻하기도 한다. 하지만 이렇게 살다 보면 화병이 나기도 하고 내면에 분노나 우울이 쌓이기도 한다.

이런 경우는 자기 표현에 대한 오해에서 시작된 딜레마라고 보아야 한다. 적절한 자기 표현이 무엇인지부터 구분할 필요가 있다.

심리학에서는 자신이 하고 싶은 말을 잘 하면서도 타인과 갈등을 불러일으킬 소지를 적게 말하는, 즉 말을 '잘' 하는 것을 주장적 표현이라고 한다. 이에 비해 주장적이지 못한 표현을 비주장적 표현이라고 하는데 비주장적 표현은 다시 소극적 표현과 공격적 표현으로 나누어 볼 수 있다.

사실 우리가 할 말 다 한다고 부러워 하는 사람들, 저 사람은 하고 싶은 말 다 하니 화병은 안 생기겠다고 우스갯소리로 이야기하는 사람들의 표현은 대개 공격적 표현인 경우가 많다. 공격적 표현이란 자신의 권리만 내세워 다른 사람의 권리는 고려하지 않거나, 심지어 타인의 권리를 침해하면서 자신의 권리를 내세워 상대를 불쾌하게 하는 표현을 말한다. 반면 자신의 권리를 옹호하지 못하고 포기하는 행동은 소극적 표현이라고 한다. 자신의 권리, 욕구, 느낌을 솔직히 나타내고 싶지만 눈치나 체면으로 인해 나타내지 못하는 것이다. 예의바른 듯이 아무 말도 하지 않거나, 상대의 기분을 맞추기 위해 마음에도 없는 말을 하는 경우도 이에 해당한다.

예를 들어, 전에 돈을 빌려간 친구가 돈을 갚지 않고 다시 돈을 빌려달라고 할 때 실은 빌려주고 싶지 않은 경우를 가정해 보자. 주장적 표현으로 표현한다면, "나를 믿고 부탁하는 것 같은데 이런 말 하면 서운하겠지만 네가 돈을 돌려주지 않아 힘들었어. 오늘은 빌려주고 싶지 않아. 약속한 날 돌려주지 않으면 내가 또 힘들 것 같아. 이해해 주기 바라."라고 솔직하게 말하는 것이다. 소극적 표현으로 표현하는 것은 돈이 있으면서도 "돈이 없는데."라고 본심을 말하지 못하는 것이 예가 되겠고, 공격적 표현이라면 "너는 염치도 없냐. 무슨 염치로 또 돈을 빌려달라고 하니!"와 같이 표현하는 것이겠다.

소극적 자기 표현은 타인의 입장을 배려는 했지만 자신의 욕구와 인권이 침해하도록 허용하기도 하고, 결과적으로 자신에 대한 실망과 자책이나 상대에 대한 원망과 증오가 생기기도 한다. 자신의 욕구를 성취하지 못하여 대인관계가 소원해질 수도 있다.

공격적 자기 표현을 쓸 때에 자신의 입장은 표현했지만 타인의 욕구가 무시되고 그 표현을 쓴 사람은 쓸 때에는 승리감과 우월감을 느낀다 해도 뒤에 미안한 마음이나 죄의식이 들기 쉽다. 결과적으로 자신의 욕구는 성취해도 타인에게 분노를 느끼게 하여 관계를 해치게 되기 쉽다.

그렇다면 주장적 자기 표현은 어떠한가. 자신의 입장을 배려하되 타인의 권리와 인격도 존중된 것이라 스스로도 만족스럽고 관계 유지가 잘 되어간다고 볼 수 있다.

소극적 표현, 공격적 표현, 주장적 표현을 구분하여 보면서 자신이 평소 어떤 표현을 주로 쓰고 있는지 생각해 보자.

Activity 함께 해 봐요!

다음 예문을 보고 소극적 표현인지, 공격적 표현인지, 주장적 표현인지 구분해 보자.

1. **상황:** 친구와 전화로 한참 통화했다. 이제 전화를 끊고 싶다.
   반응: "정말 미안해. 지금 전화가 또 와서 끊어야겠어. 괜찮지?"

2. **상황:** 지하철에 앉아 있는데 어떤 남자가 옆 칸에서 들어와 어려운 사정이 적힌 종이와 함께 껌 한 통을 당신 무릎 위에 놓고 간다.
   반응: "돈이 없다고 이렇게 어려운 소리를 구구절절해서 돈을 달라고 해요? 사지 멀쩡하면 일을 해야지."

3. **상황:** 학생이 수업 시간에 세 번째 지각했다.
   반응: "내 강의가 시작될 때까지 안 오면 강의를 처음부터 다시 반복해야 하니 번거로와. 네가 늦는 게 나한테 불편하다."

4. **상황:** 엄마가 아이가 방 정리를 하지 않는다고 야단치고 있다.
   반응: "너는 참 형편없는 애야. 이럴려면 차라리 자식을 낳지 않는게 나아."

5. **상황:** 여자친구가 당신 친구 앞에서 내 외모를 헐뜯었다.
   반응: "친구 앞에서 내 흉을 보면 내가 정말 기분이 안 좋아. 할 말이 있으면 친구 없이 우리 둘만 있을 때 이야기해 줘."

위의 연습에서 주장적 표현을 보면 어떤 보편적인 틀이 있는 것처럼 보일 것이다. 자신도 존중하고 타인도 존중하는 주장적 표현을 어떻게 익힐지 구체적으로 살펴보자.

2. 나-전달법

1) 나-전달법

의사소통이나 커뮤니케이션에서 바람직한 자기 표현으로 많이 권하는 것이 I-message이다. 말하는 사람의 문장 주어가 나, 영어의 'I'로 시작되기에 나-메시지라고 한다. I-message를 쓰는 나-전달법은 문장의 주어가 너, 즉 'You'로 시작되는 너-메시지, 너-전달법과 비교되는 개념이다. 나-전달법은 의사소통에서 갈등을 피하고 말하는 사람과 듣는 사람의 욕구를 함께 충족할 수 있는 최고의 대화법이고 표현법이다. 의사소통에서 필수적으로 나오는 개념인데도 의외로 잘 알지 못하는 경우가 많다.

우선 친구와 약속을 했는데 친구가 연락도 없이 약속 장소에 늦게 도착한 상황이라고 가정해 보자. 기다리던 친구가 나-전달법과 너-전달법으로 늦게 온 친구에게 말하는 상황을 비교하여 보자. 약속에 늦어 허겁지겁 달려온 친구가 이 말을 들었을 때를 상상하여 보며 읽어보자.

너–전달법:

"너는 어쩌면 이렇게 맨날 늦고 늦으면서 전화 한 통 할 성의도 없니? 나를 어떻게 보는 거야? 너하고 이제 약속하나 봐라."

나–전달법:

"오기로 해놓고 아무 연락 없이 나타나지 않으니까 무슨 일 있나 내가 걱정도 되고 내가 기다리는 걸 알면서도 연락을 안 해 준다 생각하니 나를 생각해 주지 않는 것 같아 섭섭하다."

너–전달법의 '너는~'이라고 말하는 표현을 듣자면 듣는 상대가 기분이 나빠지고 미안한 마음이 들다가도 슬그머니 화가 날 것 같다. 너–전달법은 왜 의사소통에서 피해야 하는 표현일까?

무엇보다 '너–전달법'에는 비꼬기, 비판, 지시, 평가, 경고가 들어 있다. 의사소통의 걸림돌로 이 책의 앞에서 언급한 것들이다. 반면 나–전달법은 말하는 사람의 느낌이 들어 있을 뿐 의사소통의 걸림돌은 들어 있지 않다. 사실 두 쪽 다 속마음은 어떤 일이 있지는 않았는지 하는 걱정과 약속에 늦게 오는 것에 대한 섭섭함으로 같지만 표현하는 방식은 이렇게 다르다.

너–전달법에서는 말하는 사람이 느끼는 감정, 특히 부정적인 감정의 책임이 상대에게 돌린다. 한마디로 '너 때문에 내가 이런 감정을 느낀다. 내가 불편한 것은 너 때문이니 네가 책임을 져야 한다'는 것을 전제하고 있는 것이다. 반면 나–전달법은 느낌이 자신에게서 비롯되는 것으로 표현을 한 것이다.

너–전달법의 예를 몇 개 더 보면 이것이 분명해진다.

"당신은 꼭 나를 화나게 만들어!"
"당신의 무관심 때문에 내가 얼마나 상처받는지 알아요?"
"내가 회사에서 스트레스를 받다 보니 집에 와서 나도 모르게 짜증내는 거야."

이것을 나-전달법으로 바꾸어 보면 자신의 느낌이 자신에게서 비롯된다고 생각하는 관점이 표현에 어떤 변화를 가져 오고, 듣는 이에게 어떤 차이가 있을지 확연하게 느껴질 것이다.

"난 정말 섭섭하네. 당신이 늦게 오니 내 약속을 중요하게 여기지 않는 것 같아서 말이야."
"난 속상해요. 당신이 내 생일을 기억해 주길 바랐어요."
"별것 아닌 일에도 짜증이 나. 집에 오면 정말 조용히 쉬고 싶어."

앞서 언급한 나-전달법을 잘 살펴보면 표현에 몇 가지 구성 요소가 있다. 설명하자면 다음과 같다.

A. 상대의 구체적 행동 표현:
상대의 행동과 상황을 구체적으로 말한다. 이때 어떤 평가, 비판, 비난의 의미를 담지 말고, 객관적인 사실만을 말한다.
예: 당신이 약속 시간에 늦으니,

B. 느낌:
행동의 구체적 결과로 생겨난 감정을 솔직히 말한다.
예: 속상하고 걱정이 돼.

C. 행동의 구체적 결과:
상대의 행동이 자신에게 미친 영향을 구체적으로 말한다.
예: 나와의 약속을 중요하게 여기지 않는 것 같고, 무슨 일이 생기지 않았나 생각도 들어.

종합: A+B+C
"당신이 ______했을 때, 나는 ______한 마음이 들어서, 내 기분이 ______해."
"당신이 ______했을 때 나는 (기분이) ______해. ______한 것 같아서."

"당신이 약속 시간에 늦으면, 나와의 약속을 중요하게 여기지 않는 것 같다 속상해. 또 무슨 일이 생긴 건 아닌가 생각도 들어서 걱정이 돼."

2) 비폭력대화식 나-전달법

전통적으로 나-전달법에서는 상황이나 행동과 그로 인한 나의 느낌, 행동의 구체적 결과를 강조해왔다. 행동의 구체적 결과는 상대의 행동이 자신에게 미친 영향, 즉 자신의 욕구와 연관한 영향을 살펴보고 있으므로 욕구도 함께 살핀다고 할 수 있다. 여기에 더하여 Rosenberg의 비폭력대화(nonviolent communication)에서는 느낌 밑에 있는 개인의 욕구를 더 선명히 강조하고, 갈등해결을 위해 상대가 실천할 수 있는 행동까지 부탁하는 요청(request)을 포함시켜 대화할 것을 권하고 있다.

관찰– 있는 그대로의 사실/상황 묘사
느낌– 자신의 느낌을 말하기
욕구– 내가 필요하거나 원하는 것을 말하기
요청– 지금 할 수 있는 부탁을 하기

내가 ______을 보았을 때 (들었을 때, 기억했을 때, 상상했을 때) 나는 ______한 느낌이 들었습니다. (왜냐하면) 나는 ______을 원했습니다(원했기 때문입니다). 그래서 ______했으면 좋겠습니다.(______하면 어떨까요?)

나-전달법에 요청을 포함시키고 욕구를 좀 더 분명히 하여 다시 바꾸어 보면 다음과 같다.

"당신이 약속에 늦었을 때 나는 나와의 약속을 중요하게 생각하지 않는 것 같아 속상했어. 나와의 약속을 중요하게 여겨주길 바랐거든. 그러니 다음에 늦으면 미리 전화해 주면 좋겠어."

그러면 나-전달법의 각 요소를 하나씩 살펴보며 익혀보자.

3) 구체적 행동

우선 상대의 구체적 행동(behavior)을 관찰하여 표현하는 것이 필요하다. 여기에서 평가를 배제하는 것이 중요한데, 친구가 약속 시간에 늦은 상황에서 "당신이 게으름을 피우면…" 같이 평가적인 발언은 상대의 반발심을 불러일으킬 수도 있고 나의 평가이므로 지양한다. 또 이야기를 할 때 '너는 늘~, 꼭~, 항상~'과 같이 일반화된 표현 역시 부정적인 평가이고 객관적인 사실이 아닐 수도 있어 불필요한 언쟁을 불러올 수도 있으니 쓰지 않도록 한다.

"네가 나를 무시했을 때"라는 것은 나에게는 사실이지만 무시는 나의 평가이고 판단이기에 관찰이라고 할 수 없다. "그 사람이 ~라고 한 말을 들었을 때", "네가 내 질문에 대답을 하지 않았을 때"와 같이 객관적인 묘사가 관찰에 해당된다.

모호한 표현보다는 구체적인 표현을 쓰도록 하고 구체적인 말이나 예를 인용하는 것도 좋다. "그 사람이 친구를 업신여길 때"보다는 그 사람이 친구에게 "넌 좀 설치지 마."라고 했을 때가 구체적인 예에 해당한다.

Activity 함께 해 봐요!

다음 문장을 평가/판단을 배제한 관찰로 고쳐 보자.

1. 너는 너무 이기적이야.

2. 그 탤런트는 인기가 좋아.

3. 우리 대리님은 나를 싫어하는 것 같애.

4. 오빠는 내가 말하는 걸 제대로 듣지 않잖아.

5. 너는 말을 잘 하잖아.

4) 느낌

관계의 상황에 따라 우리는 여러 가지 감정을 느끼게 되고 그 감정을 다루거나 조절하거나 표현하고 싶어한다. 하지만 감정 혹은 느낌(feeling)은 표현했다가 관계를 해칠까 두려워지거나, 그 감정이 너무 압도적이어서 감정경험 자체를 피하게 되기도 한다. 나-전달법에서는 이런 감정을 잘 살피고 느끼고 표현할 것을 권한다. 이렇게 할 때 내 감정이 조절될 수 있고, 상대에게 내 마음이 충분히 전달될 수 있기 때문이다. 또한 내 감정을 느끼고 표현할 때, 내 감정은 나의 소유라는 것을 느끼고 주체적인 자기 표현을 하며 상대에게 내 감정의 원인을 전가하지 않을 수 있다.

자신의 감정을 찾아 표현할 때는 가능하면 구체적으로 표현하는 것이 좋다. 감정은 단지 기분이 좋다, 나쁘다가 아니라 기쁨, 슬픔, 분노, 혐오감 등 여러 가지로 나눌 수 있다. 어릴 적부터 자신의 감정에 익숙하지 않은 사람은 자신의 감정을 잘 느끼거나 표현하는 게 어려울 수도 있기에 감정을 찾고 표현하는 것에는 노력이 필요하다.

자신의 감정을 잘 살피고 느끼다 보면, 내가 화가 난 것이라고 생각했는데 실은 걱정이 되었던 것이라든지, 내가 흘리는 눈물이 존중받지 못해 화가 난 것이구나처럼 자신의 진짜 감정을 만날 수 있게 된다.

또한 자신이 느끼는 감정은 한 가지가 아니고, 여러 가지일 수도 있다는 사실도 알아두자. 내가 지금 화가 나기도 하였지만 왠지 서럽기도 하고 외롭기도 할 수 있는 것이다. 한 가지 색이 아니라, 내 마음의 풍경은 여러 가지 색으로 이루어져 있기도 하다는 점을 알면 내 감정을 호기심을 가지고 들여다 보고 이런 마음을 찾아 표현할 수 있게 되고, 상대가 내 마음을 이해하기 쉽게 될 수 있다.

Activity 함께 해 봐요!

다음 경우에는 어떤 느낌을 가질지 알아보자.

1. 상사에게 질문을 받았는데 대답할 말이 떠오르지 않아 아무 말 못하고 있는데 동료가 옆 자리 사람과 나를 보며 소곤거리는 것을 보았을 때

2. 여자(남자)친구와 놀러가기로 한 날 아침에, 여자(남자)친구가 다른 친구와 함께 나타났을 때

3. 여자(남자)친구가 나에게 '멋있다'고 말해 줄 때

4. 취업 결과를 듣고자 해당 회사 홈페이지 합격자 명단을 클릭할 때

5. 준비한 팀플레이 발표를 멋지게 끝내고 났을 때

■ 참고: 감정단어 목록

기쁨	분노, 미움	두려움, 불안	슬픔	우울, 좌절
정답다	얄밉다	긴장되다	서럽다	실망하다
훈훈하다	어이없다	심란하다	애잔하다	마음이 무겁다
포근하다	구역질나다	주저하다	그립다	괴롭다
행복하다	거부감이 들다	위축되다	외롭다	갑갑하다
뿌듯하다	역겹다	주눅 들다	고달프다	좌절스럽다
흐뭇하다	싫다	낯설다	서글프다	침울하다
감격스럽다	밉다	서먹서먹하다	절망스럽다	멍하다
벅차다	야속하다	무안하다	아쉽다	창피하다
감동스럽다	가증스럽다	멋쩍다	가슴이 아프다	허탈하다
신기하다	원망스럽다	무섭다	먹먹하다	피곤하다
경이롭다	반감이 들다	놀라다	불쌍하다	지겹다
즐겁다	짜증나다	겁나다	처량하다	맥 빠지다
우습다	귀찮다	당황스럽다	초라하다	힘들다
재미있다	치사하다	끔찍하다	안쓰럽다	민망하다
황홀하다	괘씸하다	이상하다	애틋하다	수치스럽다
유쾌하다	답답하다	갑작스럽다	가엽다	모멸스럽다
통쾌하다	욱하다	불안하다	고달프다	후회스럽다
가볍다	경멸스럽다	두렵다	서글프다	비참하다
개운하다	언짢다	고민스럽다	애통하다	죄책감이 들다

Activity 함께 해 봐요!

사람의 감정을 나타내는 단어는 무궁무진하다. 앞의 목록은 감정단어 중 일부분이다. 더 많은 감정 단어를 찾아내어 추가해 보자.

기쁨/만족	분노, 미움	우울, 좌절	두려움	슬픔

5) 욕구

우리의 감정은 어떻게 생겨날까? 우리에게는 본능적으로 많은 욕구(need)들이 있다. 그 욕구가 충족되었을 때는 긍정적인 감정이, 충족되지 않았을 때 부정적인 감정이 생겨난다.

어떤 상황에서 어떤 감정이 올라왔을 때 어떤 욕구와 관련하여 이런 감정이 올라온 것인지 생각해 볼 필요가 있다. 내가 원하는 것이 무엇인지 알수록 내 감정을 내가 이해할 수 있고 상황을 해결할 열쇠를 찾을 수 있다.

예를 들어 약속 시간에 늦은 친구에게 화가 난 것은 나와의 약속을 소중히 여기지 않는 것 같아서, 혹은 기다리며 걱정했던 것에서 생겨났다고 한다면, 기다리던 친구가 바란 것 그것이 바로 그 친구의 욕구(need)이다. 좀 더 개념적으로 설명하면 자신이 존중받기를, 친구가 안전하기를 바라는 욕구이다. 즉, 자신의 욕구가 채워지지 않아 화가 났거나 짜증이 났기 때문에 자신의 감정은 자신의 것이라는 이야기가 된다. 친구에게 화만 내는 것이 아니라 진짜 자신의 마음을 알았을 때 그 마음을 전달하는 것이 자신이 원하는 것을 얻을 가능성을 높이게 된다.

Activity 함께 해 봐요!

다음의 표현 안에 있는 욕구를 찾아보자.

1. 혼자 조용히 산책하고 싶다.

2. 저 사람이 자기 이야기만 하니까 듣기 싫고 마음에 안 든다.

3. 이번 일은 정말 재미가 없다.

4. 대리님이 나 대신 이 일을 해 줬으면 좋겠다.

5. 너무 더워.

6. 나한테 과제 빨리 끝내라고 말하지 말아.

7. 약속을 했으면 지켜야지.

- 욕구가 어떤 것인지는 자신의 마음을 들여다보고 생각해 볼 시간이 필요할 때도 있다. 다음 욕구 목록을 참조하면 도움이 된다.

■ 욕구 목록

인간의 기본 욕구(Maslow)	생리적인 욕구, 안전에 대한 욕구, 소속과 사랑에 대한 욕구, 존중에 대한 욕구, 심미적 욕구, 자아실현 욕구
인간의 기본 욕구(Glasser)	생존에 대한 욕구, 사랑과 소속에 대한 욕구, 힘에 대한 욕구, 재미에 대한 욕구, 자유에 대한 욕구
욕구(비폭력 대화의 욕구 목록 참조)	기여, 공헌, 역량, 명료함, 가르침, 새로운 것을 배움, 쓸모 있음, 성장, 표현, 참여, 창조, 치유, 유능감, 효능감, 숙달, 희망, 진정성, 성실성, 아름다움, 조화, 질서, 존재감, 홀가분함, 여유, 느긋함, 평화, 지혜, 깨달음, 자비, 영성, 선택, 자유, 해방, 독립, 힘, 용기, 주도성, 유대, 대화, 소통, 연결, 배려, 존중, 주고받음, 공감, 이해받음, 관심, 우정, 안정성, 소속감, 사랑, 공기, 음식, 물, 주거, 수면, 안전, 성적 표현, 따뜻함, 돌봄, 예측가능성, 활력 등

6) 요청

요청(request)은 듣는 사람이 지금 할 수 있는 행동을 부탁하는 것이다. 요청은 무엇 무엇을 해달라는 일종의 부탁이다. 이때 무엇을 하지 말아달라는 것보다는 무엇을 해달라는 표현이 더 효과적이다. 듣는 이의 입장에서는 어떤 행동을 해달라는 구체적인 표현이 있을 때 행동 실천이 더 쉽게 마련이다. 따라서 “떠들지 마.”, “무시하지 마.”보다 “조용히 해 줘.”, “내 부탁을 들어줘.”처럼 해달라는 긍정문으로 원하는 것을 말하는 것이 좋다.

요청은 명확하고 구체적으로 해야 한다. 듣는 이가 상대의 말에 수긍을 할지라도 모호하고 일반적이라면 어떻게 해야 되는 것인지 얼른 떠오르지 않는다. 예를 들어, 엄마가 아이에게 “자전거를 안전한 곳에서 타.”라고 하면 안전하게 타고자 마음은 먹어도 어떻게 하는 것이 안전한가 하는 것을 다시 생각해 봐야 하는 것이다. 따라서 좀 더 구체적으로 “학교 운동장이나 어린이 보호구역에서 자전거를 타는 게 좋겠다."라고 표현한다면 실천이 가능한 요청이 된다. "자신 있게 말해 봐."보다는 "목소리를 크게 하고 가슴을 펴고 말해 볼래?"라는 것 역시 듣는 이가 바로 행동에 옮길 수 있는 구체적인 요청이 된다.

또 가능하면 현재, 즉 지금 곧 할 수 있는 것을 요청하도록 한다. 만약 상대에게 미래의 무언가를 부탁하려고 할 때는 그것을 미래에 해 주기로 지금 약속할 수 있는지를 요청한다. 즉, 약속에 대한 요청으로 지금 약속을 해 줄 것을 요청하는 것이다.

요청은 권유나 질문의 형태로 말한다. "해 주겠니?", "해 줄 수 있겠어요?"와 같은 형태로 말하는 것이다. 요청은 어디까지나 요청이다. 목소리의 톤이나 말하는 방식, 사용하는 어휘를 부드럽고 우호적으로 하여 상대를 대화에 초대하고 해법을 만들어 가도록 분위기를 조성하도록 한다. 단순하게 예, 아니오의 대답만으르 요청이 이루어지는 것이 아니라 요청하는 과정에서 소통이 이루어지며 상대가 기꺼이 자발적으로 응하는지 확인하는 것이 중요하다. 따라서 마음을 열고 소통할 수 있는 분위기를 만드는 것이 중요하다.

Activity 함께 해 봐요!

다음 중 명확한 요청이 아닌 표현을 찾아 명확한 요청으로 바꾸어 보자.

1. 나를 이해해 주기 바란다.

2. 네가 더 자신감을 가졌으면 좋겠어.

3. 네가 지금 술을 그만 마셨으면 좋겠어.

4. 가족끼리 좀 더 식사를 자주 하면 좋겠어요.

7) 나-전달법 종합

지금까지 익힌 나-전달법의 요소들을 종합하여 살펴보자. 예를 들어, 남편 혹은 아내가 분리 수거를 함께 하겠다고 하고 약속을 지키지 않았다고 가정하자. 너-전달법으로 표현한다고 하면 "당신은 지난번에 분리 수거한다 해놓고 안 하고, 오늘 분리 수거하는 날인데 또 늦을 거지?"와 같이 표현할 수도 있다. 하지만 구체적 행동과 느낌, 욕구와 요청까지 살펴본다면 다음처럼 표현할 수 있다.

"지난번에 분리 수거하는 날 12시 넘어 들어와서 내가 혼자 했잖아(구체적 행동). 섭섭하고 슬프더라구(느낌). 힘든 일 도와주었으면 했거든(욕구). 오늘 바쁘더라도 9시까지는 들어오면 좋겠는데 들어와서 나랑 같이 할 수 있을까?(요청)."

나-전달법은 단지 주어를 '나'로 시작한다거나 이 요소를 모두 포함시키는 것만의 의미는 아니다. 상대를 존중하고 자신을 존중하여 진정한 마음의 만남을 원하는 표현이라는 것의 의미가 더 크다는 것을 기억하자.

나-전달법을 일상에서 잘 사용할 수 있으려면 많은 연습과 노력이 필요하다. 누군가를 만나고 난 뒤 마음이 찝찝하다면 그 사람 앞에서가 아니어도 내 느낌은 무엇이었는지, 욕구는 무엇이었는지 어떻게 해 주기를 바랐는지 생각해 보는 과정, 즉 표현뿐 아니라 스스로를 '나-전달법'으로 돌아보자. 다음에 만나서 다시 이야기해 볼 기회를 가질 수도 있고, 꼭 이야기를 나누지 않는다 해도 자신의 마음을 명료화할 수 있기에 불편한 감정이 해소될 수도 있다.

Activity 함께 해 봐요!

다음과 같은 상황에서 상대방의 행동 결과가 나에게 혹은 타인에게 미치는 구체적 영향이 무엇인지 생각해 보자. 그리고 그로 인하여 생기는 내 감정은 무엇인가를 찾아 「나-전달법」으로 표현해 보자.

1. 수업시간에 선생님이 수업을 하고 있는데, 학생이 껌을 씹으며 짝이랑 떠들고 있다.

   구체적 행동의 표현:

   행동의 결과/욕구:

   느낌:

   요청:

   나-전달법:

2. 후배 민숙이는 조별 과제를 할 때 약속을 잘 지키지 못하고 늦는다. 오늘도 그랬다.

   구체적 행동의 표현:

행동의 결과/욕구:

느낌:

요청:

나-전달법:

3. 아들의 머리가 너무 길고 헝클어져 있다. 머리를 자를 때가 지나 이제 잘랐으면 좋겠다.

구체적 행동의 표현:

행동의 결과/욕구:

느낌:

요청:

나-전달법:

Chapter

08

칭찬

CHAPTER 08

칭찬

학습목표

1. 칭찬의 의미를 이해한다.
2. 칭찬 기법을 학습하고 익힌다.

인간은 사회적 동물이라고 한다. 혼자서 살아갈 수 없는 존재라는 뜻이다. 무리를 지어 사는 것은 생존율을 높이는 것과 관련이 있었고, 이러한 생존본능은 우리의 DNA에 남아 나와 다른 사람과 조화 여부, 조직과의 적합성, 나에게 우호적인 사람의 유무 등을 끊임없이 점검하게 한다.

사회생활을 하면서 모두와 잘 지내면 좋겠지만, 어떤 사람과는 잘 지내게 되고 어떤 사람과는 불편한 관계가 되기도 한다. 누군가와 불편한 관계를 가지게 되면 우리의 생존 본능은 빨간 신호를 보내며 불안감을 표시한다. 이 빨간 신호는 내가 상대방을 싫어한다고 생각할 때보다, 누군가가 나를 싫어한다는 신호가 들어올 때 더 커지기 마련이다. 그렇다면 누군가 나에게 초록 신호를 보낸다면 어떠할까? 인간관계에 있어 초록 신호란 상대를 배려하고 도와주며 기분 좋게 해 주는 표현을 의미한다. 상대와 나 모두 기분 좋게 해 주는 표현, 쉽고 효과가 빠르며 하는 사람도 받는 사람도 기분 좋은 표현은 바로 '칭찬'이다.

'가는 말이 고와야 오는 말이 곱다'는 속담은 칭찬이 인간관계에서 그만큼 중요하다는 뜻이다. 한때 〈칭찬은 고래도 춤추게 한다〉는 책이 베스트셀러가 되기도 했을 만큼 칭찬은 어느 누구에게나 기분 좋은 표현일 수 있다. 그러나 나도 칭찬을 많이 해야지 하며 마음속으로 다짐하지만 막상 생활 속에서 칭찬거리를 찾거나 상대방의 가슴에 와 닿는 칭찬을 하려고 하면 그게 생각처럼 쉽지가 않다. 게다가 그리 좋아하지 않거나 나와 관련이 없는 사람을 칭찬하기란 더욱더 쉽지 않다. 그러나 이런 하고 싶지만 막상 어색하게 느껴지는 칭찬에도 방법이 있다. 이 장에서는 인간관계의 윤활유가 되는 칭찬에 대하여 학습하고 적용해 보도록 하겠다.

1. 칭찬의 의미

칭찬(稱讚)은 사전적 의미로는 '좋은 점이나 착하고 훌륭한 일을 높이 평가하거나 또는 그러한 말을 하는 것'이다. Farson(1968)은 칭찬을 '사람들에게 해 주는 긍정적 평가'로, 조성민(2020)은 '타인의 잠재적 자아가치를 인식하여 긍정적인 행위를 할 수 있도록 영감을 주는 의도적인 표현'이라고 정의하였다.

미국 맥킨지 경제 연구소가 세계 각지의 경영자와 매니저, 종업원들을 대상으로 경제적 인센티브와 비경제적 인센티브의 효과에 대한 설문 조사를 실시(Dewhurst,

Guthridege & Mohr, 2009)한 결과 칭찬과 인정은 경제적 인센티브보다 더 효과적인 것으로 나타났다. 또한 Peterson & Luthans(2006)의 연구결과에 의하면 관리자가 칭찬과 성과 피드백을 직원에게 제공했을 때 고객 서비스지표와 이윤성과가 모두 상승한 것으로 나타났다(박주희, 2020).

사람은 누구나 존중과 인정을 받고 싶은 욕구를 가지고 있다. 누군가 자신을 알아주길 바라고 중요한 사람으로 인식해 주길 바라는 것이다. 이러한 사람의 인정 욕구를 충족시켜 주는 것이 '칭찬'이라 할 수 있다. 진심어린 칭찬은 상대를 긍정적인 시선으로 바라볼 때 가능하며, 듣는 이에게 동기 부여가 되기도 한다. 예를 들어, 자신의 성과물에 대해 자신감이 없어하는 사람에게 "매우 멋진 아이디어예요.", "열심히 준비했군." 등의 칭찬은 격려가 되고 자신감과 함께 더 앞으로 나아갈 수 있는 원동력이 되는 것이다. 이러한 칭찬은 언어적 표현도 필요하지만 비언어적인 칭찬 표현도 함께 하는 것이 효과를 더한다.

2. 칭찬 스킬

1) 열린 마음으로 관찰한다

살다 보면 나랑 잘 맞는 주변 사람도 있고, 준 것도 없이 잘 안 맞고 미운 사람도 있다. 그런데 이 미운 사람을 안 보고 살 수 있으면 좋겠지만 꼭 봐야 할 상황이고, 게다가 거의 매일 봐야 할 상황이라면 언제나 가슴에 뭐 하나 얹힌 것 같이 편치 않게 된다. 하는 일마다 나와 반대 의견을 가지는 사람도 있고, 주는 것 없이 서로 불편한 관계도 있다. 겉으로 표현이야 하지 않지만 상대가 마음에 안 들고 때로는 원수로 느껴지기도 해서 마음속으로 그 사람을 무시해 보기도 한다.

그러나 사람 마음이 참 이상한 것이 그런 불편한 마음을 머금고 있는 내 마음이 편치는 않을 뿐만 아니라 한편으로는 상대와 잘 지내고 싶은 마음이 있기도 한다. 상대에 대한 미움 혹은 불편한 감정은 결국 나 자신에게 스트레스로 남는다. 스트레스는 만병의 근원이라고 하니 나 자신을 위해 마음을 바꿔 보도록 한다. 상대방이 먼저 바뀌어야 한다는 마음을 버리고, 상대를 보는 내 시각을 바꿔 보는 것이 최선의 방법이다.

미운 사람을 새롭게 객관적으로 보는 것, 그 출발은 상대방의 특성을 관찰하고 찾아내는데서 시작된다. 이런 상상을 해 보자. '저 사람의 이성 친구는 저 사람의 뭐가 좋아서 사귈까?', '저 사람 부모님은 저 사람의 뭐가 예쁘고 사랑스러울까?' 눈에서 멀어지면 마음마저 멀어진다는 말을 뒤집어 적용하자. 자꾸 보면 예쁜 구석이 보인다. 상대방에 대한 긍정적인 시선이 칭찬의 기본이자 좋은 커뮤니케이션의 시작이다.

Activity 함께 해 봐요!

1단계: 나와 잘 맞지 않는 사람을 떠올려 본다.

2단계: 그 사람의 장점을 찾는다, 잘 생각이 안 나더라도 하나하나 찾아보면 있을 것이다. 외모, 경제력, 상식, 그렇게도 안 되면 그 사람의 가족관계라도 떠올려 본다. 세상에 아무 것도 칭찬받지 못할 사람은 없다.

예) 부인이 요리 솜씨가 뛰어나시다면서요?
딸이 노래를 잘한다면서요?
지난번에 컨퍼런스 발표하셨다면서요?

2) 있는 사실 그대로를 말한다

칭찬을 받으면 불안은 줄어들고 에너지는 높아진다고 한다. 그리고 반대로 상대방이 나를 인정하지 않는다고 생각되면 단순히 "인정받고 있지 않다."의 차원이 아니라 불안감을 느낄 수도 있다. 따라서 사람은 "당신의 존재를 잘 알고 있다."는 말로 불안을 제거해 주는 누군가의 인정을 갈망하는 것이다. 그래서 사람들은 칭찬을 들으면 마음이 안정된다. 그런데 이렇게 칭찬하는 게 중요하다는 것은 잘 알고 있지만, 좀처럼 상대가 칭찬할 만한 점도 쉽게 발견되지 않는다면 이때 사용할 수 있는 것이 '있는 그대로 말하는 것'이다.

예를 들어, 학교 앞 분식집에 지난주에 이어 이번 주에도 갔다고 해 보자. 주인에게 "지난주에도 왔었어요~" 하고 말을 건넸는데 그저 "아, 네~"하며 건성으로 대답한다면 기분이 상할 수도 있다. 하지만 지난주에 왔다고 말을 건넸더니 "네, 알죠~ 지난주 비오는 날에 친구 분과 함께 오셔서 매운 떡볶이 드시고 가셨잖아요~"한다면 특별히 덤을 더 준 것도 아닌데 단지 자신을 알아줬다는 사실만으로 기분이 좋아지게 되는 것이다. 사람은 누구나 상대에게 인식되고 싶고 자신의 존재를 인정받고 싶어 하기 때문이다.

칭찬을 한다는 것은 기본적으로 성과나 결과에 대해 인정하는 말을 건네는 것이지만, 이게 칭찬의 유일한 방법이라면 자주 칭찬하는 일은 쉽지 않다. 자주 칭찬하는 방법이 바로 '있는 사실 그대로 말하는 것'이다. "요즘 ○○씨 서비스 개선쪽 일을 하고 있지요?"라고 말을 건다. 그러면 상대방은 '아, 상대방이 나를 인식하고 있구나' 하고 생각하게 된다. 이 말을 거는 것이 비록 칭찬은 아니라도 상대가 거기에 들이는 노력을 '잘 알고 있다, 그것은 가치 있는 일이고, 그런 쪽으로 계속 노력해 가면 된다'는 사실적 메시지인 것이다.

사람들은 모두 안심하고 싶어 한다. 그리고 인간은 안심하고 싶은 궁극적인 욕구를 충족해 준 사람을 절대적으로 신뢰하고 그 사람의 청은 무엇이든 응해 주고 싶다는 생각을 하게 된다. 왜냐하면 그 사람의 기대에 부응하면 또 그만큼 계속 안심할 수 있기 때문이다.

Activity **함께 해 봐요!**

1단계: 가족 중에 칭찬할 사람을 떠올린다.

→

2단계: 그 사람이 현재 하고 있는 일 가운데 가치 있는 일을 적어 본다.

→

3단계: 그리고 그 말을 인정하는 말을 한다.

→

예) 요즘 영어 학원에 새로 바꿨다며? 잘 다니고 있지?
요즘 A프로젝트하고 있지?
불고기에다 된장찌개까지 했네.

3) 바로 '그 순간' 칭찬한다

엄청난 일을 했을 때 칭찬해야지 하고 기다린다면 칭찬은 평생 못 할 수도 있다. 칭찬은 순간의 미학이다. 기회를 놓치지 말아야 한다. 따라서 평소에 칭찬을 할 마음가짐을 잘 가지고 있는 것이 중요하며 상대를 잘 관찰하는 것이 필요하다. 칭찬을 잘하기 위한 전제 조건은 상대방에 대한 애정과 관찰이다. 상대방이 평소와 달리 순간 빛날 때 칭찬하면 된다. 예를 들어, 상대방이 평소와 다른 옷차림이나 장신구를 하고 왔을 때, 주변 사람을 웃겼을 때, 사내에서 상을 탔을 때, 좋은 보고서를 썼을 때, 뭔가 재미있는 이야깃거리를 제공했을 때, 맛있는 밥집을 추천해 줬을 때, 누군가의 실수를 눈감아줬을 때, 기타 등등 찾아보면 칭찬할 거리는 무궁무진하게 많다. 상대방이 칭찬받을 만한 거리를 발견했다면 바로 그 자리에서 말한다.

Activity 함께 해 봐요!

1. 음식점에서 주문받으러 온 사람을 칭찬해 본다.
   예) 웃는 모습이 예쁘시네요. 음식이 맛있는지 물어봐 주시니 좋네요.

2. 주변에 옷차림이 자주 바뀌는 사람을 떠올린다. 오늘 그 사람은 무엇이 바뀌었나를 생각하고 그 점을 칭찬해 본다.
   예) 오늘 넥타이색이 너무 잘 어울리세요. 오늘따라 특히 패션 센스가 돋보이네요.

4) '현미경'처럼 구체적으로 칭찬한다

칭찬은 기술이다. 기술을 익히려면 오랜 시간 연습을 하는 노력을 기울여야 하듯이 칭찬 또한 여러 가지 노력이 필요하다. 우선 다른 사람을 자연스럽고 편안하게 칭찬하는 일은 그렇게 만만한 일이 아니다. 상대를 자주 보고, 상대가 날마다 어떤 생각을 하는지 통찰하고, 어떤 말을 듣고 싶어 하는지를 깊이 생각해야 비로소 '칭찬의 말'을 할 수 있는 것이다.

사람들은 칭찬을 하라고 하면 상대방을 평가한다. “당신은 참 멋쟁이네요.”, “정말 똑똑하세요.”, “정말 착하신 것 같아요.” 이런 말들은 그 사람을 평가하는 말이다. 그런데 이렇게 평가하는 말이 그 사람에게 와 닿을까? 결론은 아니다. 더구나 평가하는 내용이 상대방이 매일 듣는 내용이라면 더욱더 아니다. 평가하는 말은 잘못하면 마치 입에 발린 말처럼 들릴 수 있다. 예쁜 연예인에게 “정말 예쁘시네요.”라는 말은 정말 칭찬하는 말이 아니다.

지금부터는 칭찬을 할 때 평가하기보다는 구체적으로 표현한다. 예를 들어, 어질러진 책상을 치우라는 말을 듣고 바로 치우는 아이에게 “잘하네~”하는 것보다 “네가 엄마 말을 바로 잘 따라 주니까 고맙고 대견한 마음이 든다.”하는 것이 칭찬의 효과가 더 클 것이다. 멋쟁이 신발을 신은 사람에게 “그거 아무나 신는 신발이 아닌데…….”하는 말 한마디가 “당신은 참 멋쟁이네요.”하는 말보다 더 구체적으로 와 닿는다. “예쁘시네요.”하는 것보다 “속눈썹이 참 기네요.”라고 말하는 것이 더 낫다.

평가하지 말고 상대방의 행동이나 상황을 구체적으로 묘사하는 것이 훨씬 근사한 칭찬의 표현이 된다. 또한 그 사람이 잘 한 일을 그 사람의 능력이나 노력 때문에 성공한 것으로 구체적으로 표현해 본다.

Activity 함께 해 봐요!

숨은 사람 얼굴 찾기

다음의 그림에서 사람을 얼굴을 찾아본다.

※5개 이상 찾는다면 사람을 볼 때 주의 깊게 볼 수 있다는 것을 의미한다!

구체적으로 칭찬하기

1. 다음 상황에 대하여 칭찬으로 바꿔 본다.

예) 탁구장에서 탁구를 잘하는 사람에게
운동을 잘 하시네요.
→ 스매싱을 잘 넣으시네요. (혹은) 환상의 스매싱이네요.
운동신경이 뛰어나신가 봐요. 아무나 할 수 없는 스매싱이네요.

회사 단합대회에 가서 부대찌개를 잘 끓인 직원에게
음식을 잘하시네요.
→ 부대찌개를 잘 끓이시네요. 요리에 소질이 있으신가 봐요.
부대찌개는 재료비율이 잘 맞아야 되는데, 미각이 뛰어나신 것 같네요.

2. 2~3명씩 그룹이 되어 구체적으로 칭찬하기 연습을 한다.

3. '구체적 칭찬하기' 연습 후 소감을 나눈다.

5) 상대의 칭찬할 점을 다른 사람에게도 알린다

'남을 꾸짖을 때는 다른 사람이 모르게 하고, 남을 칭찬할 때는 여러 사람이 알게 하라'는 말이 있다. 상대방의 장점을 발견했다면 발견한 사실을 다른 사람에게도 말한다면 칭찬은 그 이상의 효과를 본다.

칭찬은 혼자 있을 때 듣는 것보다 여러 명이 있을 때 듣는 게 훨씬 기분 좋기 마련이다. 예를 들어, 단둘이 있을 때 보고서를 잘 썼다고 칭찬하는 것보다 상사와 함께 있을 때 보고서를 잘 쓰는 신입직원이라고 칭찬해 준다면 더 기분이 좋을 것이다.

자신을 많은 사람들이 알아줬으면, 자기가 잘한 일을 다른 사람이 알아줬으면 하는 것이 평범한 사람의 마음이다. 그런데 자기가 자기 칭찬을 하고 다니는 것은 한계가 있으니 내 대신 누군가가 칭찬을 해 주면 그 사람은 고마운 사람이 되는 것이다. 누군가 잘 한 일이 있으면 구체적인 사실을 다른 사람에게도 알린다.

Activity 함께 해 봐요!

- 내가 칭찬하고 싶은 사람을 떠올려본다.
- 그 사람의 칭찬할 내용을 적는다.
- 그 사실을 누구에게 알릴 것인지 생각해 본다.

6) 조종하는 칭찬이 아닌 감사와 인정의 칭찬을 한다

칭찬은 누구에게나 매번 기쁘고 고마운 것만은 아니다. 누군가의 칭찬을 듣기는 하는데 불편한 마음을 넘어 거부감까지 드는 경우도 있다. 바로 판단과 평가를 동반한 칭찬, 상대를 조종하거나 통제하는 수단으로 칭찬이 사용될 때이다.

예를 들어, 아침에 출근한 과장님이 "김○○ 씨는 커피를 정말 잘 타더라."한다면 칭찬보다는 커피 심부름으로 여겨질 수 있다. 힘이 있는 사람이 칭찬을 통해서 자신을 통제하려 한다면 몇 번은 기분 좋을 수 있지만 계속해서 그러한 방식으로 칭찬을 받는다면 칭찬의 노예가 된다는 생각이 들 수 있는 것이다.

칭찬이란 힘 있거나 높은 사람이 자신보다 상대적으로 낮은 사람에게 인정해 주는 말을 건네주는 것도, 혹은 잘 보이기 위해 아부를 하는 것도 아니다. 상대가 나의 만족 혹은 행복에 기여한 점을 표현해 주는 것이다. 상대의 행동이나 말을 통해 충족된 나의 유쾌하고 행복한 느낌을 '감사의 말과 행동으로 표현하는 것'이 진정한 칭찬이라 할 수 있다.

누구에겐가 감사를 한다는 것은 우리가 서로 만족된 욕구에 대하여 의미를 되새기며 그 기분을 나누는 것이다. 칭찬을 할 때는 상대의 행위나 존재 자체가 자신에게 어떠한 영향을 미쳤는지 구체적인 말로 전달해 본다.

예) 조종하는 칭찬 vs. 감사와 인정의 칭찬

조종하는 칭찬	감사와 인정의 칭찬
"김○○ 씨는 커피를 정말 잘타더라~"	"어제 야근해서인지 아침에 많이 피곤했는데 김○○ 씨가 커피를 타줘서 너무 고맙네."
"너는 정말 착한 아이야."	"네가 청소기를 돌려줘서 청소가 빨리 끝났어. 도움이 필요했는데 정말 고맙구나."
"당신은 정말 자상한 분이시네요."	"도움이 필요했는데 문을 열어 주시니 정말 감사합니다!"
"네가 1등했구나, 최고가 되었네."	"최선을 다하더니 좋은 결과를 얻었구나, 내 마음이 기쁘다."

7) 나 자신을 칭찬한다

타인에 대한 진정한 애정은 자기 사랑에서 출발한다고 할 수 있다. 만나는 것 자체로 즐거운 사람들이 있다. 자긍심이 높고 진정으로 스스로를 좋아할 수 있는 사람이다. 교만하지 않으면서도 자신감이 넘치고 당당한 사람들을 만나면 우리 자신도 덩달아 기분이 좋아진다. 이들은 자신에게 이미 만족하고 있기 때문에 자기보다 뛰어난 사람을 만나도 시기심을 느끼지 않기 때문에 칭찬에 인색하지도 않다. 자기보다 못한 사람을 만나도 비하하지 않고 나름대로의 가치를 인정하는 표현을 진심으로 할 수 있다.

칭찬의 마음을 가지기 위해서는 매일매일 사랑스러운 나를 찾아내는 것이 필요하다. 막연하게 생각만 하지 말고, 매일 자신의 장점을 한 가지씩 찾아내고 스스로 인정해 주도록 한다. 칭찬의 힘은 단지 타인에게만 미치는 것이 아니다. 자신의 삶을 바꿀 수 있는 것이 바로 칭찬이다.

Activity 함께 해 봐요!

1. 나의 장점을 10가지 찾아본다.

   나는________________________________다.

   나는________________________________다.

   나는________________________________다.

   나는________________________________다.

   나는________________________________다.

   나는________________________________다.

   나는________________________________다.

   나는________________________________다.

   나는________________________________다.

   나는________________________________다.

2. 찾은 장점을 소리 내어 읽어본다.

3. 자신의 장점을 소리 내어 큰 소리로 읽고,

   나는________________________________다.

   (*1단계 사용한 예문이 그대로 옴).

   그다음 아래와 같은 문장들을 만들어서 1단계 문장을 서로 연결해 본다.

   예) 그래서 나는 내가 좋다.
   그래서 나는 내가 사랑스럽다.
   그래서 나는 내가 자랑스럽다.
   그러니까 나는 잘 할 수 있다.
   나는 누구와도 비교할 수 없다.

나와 함께 있는 것이 행복하다.
나 자신에게 만족한다.
나는 나를 믿는다.

4. 완성된 문장을 크게 읽고 자기 자신을 꼭 껴안아 준다.
   예) 나는 행동이 민첩하다. 그러니까 나는 잘 할 수 있다!

Chapter 09

스피치 커뮤니케이션

CHAPTER 09

스피치 커뮤니케이션

학습목표

1. 스피치에 있어 마인드 컨트롤의 의미를 이해한다.
2. 스피치에 기본이 되는 복식 호흡을 익힌다.
3. 스피치에 도움이 되는 기본 발성법과 기법을 학습한다.

'스피치'라는 단어는 참 익숙한 단어이지만 내가 하려고 들면 가슴이 답답해지는 단어이기도 하다. 스피치를 한다는 것은 다른 사람들 앞에서 자신의 능력을 증명해 보이는 것으로 여겨지기 때문이다. 스피치 능력은 학교에서도 취업을 위한 면접에서도, 이후 직장 생활에서도 꼭 필요하고 중요한 역량이라 할 수 있다.

스피치에 있어 중요한 요소 중 하나인 좋은 목소리는 타고 나기도 하지만 노력으로도 얼마든지 보완이 가능하다.

완벽해질 필요는 없다. 특히 스피치는 조금씩 보완하고 수정해 가는 과정을 통해 자신감을 갖는 것이 훨씬 중요하다. 이 장에서는 '과정'을 연습할 것이다. 조금씩 연습하다 보면 어느새 자신감 있게 표현하는 자신을 확인할 수 있을 것이다.

1. 자기암시

"좋아질 거라고 좋게 생각해~"하는 말을 들어본 적이 있는가. 그런 말이 얼마나 효과가 있을까 하며 무심코 흘려보낸 적이 있을 것이다. 프랑스의 자기암시요법의 창시자 쿠에(Emile Coué)는 약국을 경영하며 환자들이 내용보다는 포장이나 선전에 더 많이 영향을 받고 있다는 사실을 알아차리게 되었다. 이에 환자에게 최대의 조건은 자기 암시이고, 약물이나 다른 것은 암시에의 매개물에 지나지 않는다는 것을 알게 되고 자기암시요법을 치료에 활용하게 되었다.

이와 비슷한 말로 플라시보 효과(placebo effect)도 있다. 위약(僞藥) 효과, 가짜약 효과라고도 하는데 심리적 요인에 의해 병세가 호전되는 현상을 말한다. 의사가 사실은 비타민을 주었을 뿐인데 매우 효과가 좋은 약이라고 믿게 했더니 환자가 긍정적인 믿음으로 인해 병세가 호전되는 현상이라고 이해하면 된다. 이러한 맥락은 인지행동치료(cognitive-behavioral therapy)에서도 적용되고 있다. 생각과 감정, 행동(몸)은 서로 연결되어 있고 상호 영향을 주고받는다. 인지(생각)의 변화로 인해 행동과 정서의 변화가 생긴다.

개그맨 유재석과 가수 이적이 부른 '말하는 대로'라는 노래가 있다. 자신에게 에너지를 주고 싶을 때 이 노래를 찾아 들어보자. 가사 중 '마음먹은 대로 생각한 대로 할 수 있단 걸 알게 된 순간 고개를 끄덕였지…'라는 내용이 있다. 잘 되고 싶다는 생각은 자신을 움직이게 하지만 안 될 것이라는 생각은 두려움과 불안을 가져올 뿐이다. 스피치에서도 마찬가지로 적용할 수 있다. 대상자들이 나를 심사하는 사람이 아닌 나와 하나의 주제를 가지고 함께 이야기하는 사람들이라는 마음가짐으로 조금은 편하게 스피치에 임하는 것도 좋은 방법일 수 있다.

Activity 함께 해 봐요!

다음 문장들을 큰 소리로 녹음하며 스피치 훈련을 해 보자.

나는 자신감 있는 사람이다.
나는 또박또박 말할 수 있다.
나는 밝은 미소로 말할 수 있다.
나는 큰 목소리로 말할 수 있다.
나는 ○○○이 될 수 있다.
나는 멋진 사람이다.
나는 점점 나아지고 있다.
나는 지금도 충분히 잘 하고 있다.
나는 긍정적으로 생각할 수 있다.
나는 힘든 일을 반드시 극복할 수 있다.
나는 나를 사랑한다.
나는 성장하고 있다.
나는 미소를 지으며 말할 수 있다.
나는 나의 꿈을 이룰 수 있다.

출처: 이지연(2019). 7일 만에 합격하는 이지연의 공무원 면접 스피치. 메이트북스.

2. 복식 호흡

자신감을 갖고 안정된 목소리로 말을 하고 싶은가, 스트레스가 조절되어 감정적인 평온함을 유지할 수 있으며 성대가 보호되어 좋은 소리를 낼 수 있는 방법이 있다.

바로 '복식 호흡'이다. 가슴으로 호흡하는 흉식 호흡과 달리 복식 호흡은 복부를 이용해 하는 호흡으로 부교감신경을 강화하여 혈압과 심장박동 수를 안정시켜 주고 신체적 긴장을 낮춰준다. 자율신경이 안정되기 때문에 면역력이 향상되고 세포의 회복 속도도 빨라지게 된다. 복식호흡은 요가, 보이스 트레이닝 그리고 호흡을 통한 안정화 기법 등에서도 활용되고 있다. 흥분을 가라앉히며 심신의 안정을 찾을 수 있도록 도와주기 때문이다.

복식 호흡은 어렵지 않다. 숨을 들이 마시고 내뱉을 때 아랫배가 움직이도록 숨을 쉬는 연습을 해 본다. 숨을 들이마시면 배가 불룩하게 나왔다가, 숨을 내쉬면 배가 볼록하게 꺼지도록 숨을 쉬어 본다. 처음에는 배에 손을 올리고 그 차이를 느껴본다.

● 복식 호흡법

① 먼저 허리를 펴고, 턱을 조금 당기고, 어깨에 힘을 뺀다. 앉아도 좋고 선 자세도 좋다.
② 발바닥이 바닥에 맞닿았는지 의식해 본다.
③ 천천히 코로 숨을 들이 마시며 넷을 셀 때까지 배가 부풀어 오르는 것을 느낀다.
④ 하나 둘 셋 넷. 넷을 셀 때까지 숨을 잠시 멈춘다.
⑤ 배가 홀쭉해지도록 천천히 숨을 내쉬면서 마음속으로 다섯을 센다.

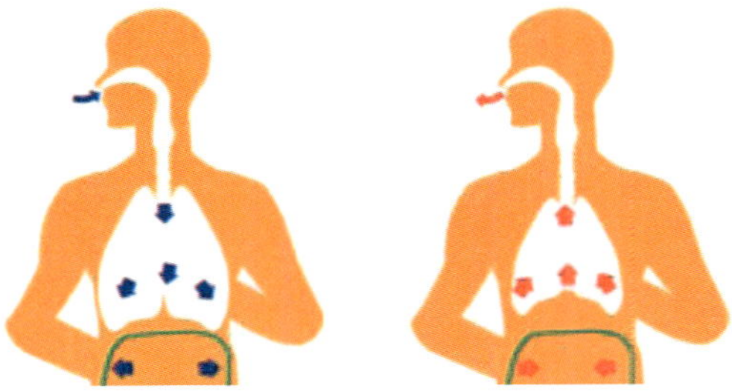

이 과정을 한번에 10분씩 매일 꾸준히 반복한다.

3. 발성 트레이닝

1) 발성 트레이닝 기본자세

① 다리는 어깨 넓이로 벌리고 약간 힘을 주고 선다.
② 목과 머리는 반듯하게 세운다.
③ 어깨는 바르게 펴고 힘을 뺀다.

④ 턱을 지나치게 올리거나 내리지 않는다.

⑤ 목과 어깨에 힘을 뺀다.

2) 기본 발성 훈련

(1) 기본 발성

① 입을 가능한 크게 벌린다.

② 숨을 크게 들이 마신 뒤 한꺼번에 내뱉으며

③ 뚝뚝 끊어 크고 굵게 내뱉는다.

아	에	이	오	우

④ 이어서 다음을 연습한다.

가	게	기	고	구
나	네	니	노	누
다	데	디	도	두
라	레	리	로	루
마	메	미	모	무
바	베	비	보	부

다댜 더뎌 도됴 두듀 드디
라랴 러려 로료 루류 르리
사샤 서셔 소쇼 수슈 스시
하햐 허혀 호효 후휴 흐히

(2) 크레시아 발성

다음의 발성을 크레시아 발성법이라 하는데 성대의 긴장을 풀어주는 발성을 훈련하는 방법이다. 3단계로 점점 크게, 중간 부분을 좀 더 길고 높게 발성한다.

로–얄 〉 로—얄 〉 로——얄
자일리–톨 〉 자일리—톨 〉 자일리——톨
올레로–샤 〉 올레로—샤 〉 올레로——샤
슈네이파–젤 〉 슈네이파—젤 〉 슈네이파——젤

(3) 어려운 문장 훈련

다음의 문장을 입을 크게 벌리고 미소를 지으며 연습한다.

소리가 밖으로 멀리 전달된다고 생각하며 크게 낸다.

가–각, 나–낙, 다–닥, 라–락, 마–막, 사–삭
아–악, 자–작, 차–착, 카–칵, 타–탁, 파–팍, 하–학

내가 그린 구름 그림은 새털 그린 구름 그림이고,
네가 그린 구름 그림은 깃털 그린 구름 그림이다.

간장공장 공장장은 강 공장장이고
된장공장 공장장은 장 공장장이다.

경찰청 철창살은 외철창살인가 쌍철창살인가

담임선생님의 담당과목은 도덕담당이고,
담임 닮은 담임선생님의 단골집 담 큰 주인은
닭장에서 닭 모이를 주는 게 그의 취미이다.

다음의 내용을 웃는 표정으로 입을 크게 벌리고 큰 소리로 빠르게 발음한다.

안 촉촉한 초코칩 나라에 살던 안 촉촉한 초코칩이
촉촉한 초코칩 나라의 촉촉한 초코칩을 보고 촉촉한
초코칩이 되고 싶어서 촉촉한 초코칩 나라에 갔는데
촉촉한 초코칩 나라의 문지기가
넌 촉촉한 초코칩이 아니고 안 촉촉한 초코칩이니까
안 촉촉한 초코칩 나라에서 살아라고 해서
안 촉촉한 초코칩은 촉촉한 초코칩이 되는 것을
포기하고 안 촉촉한 초코칩 나라로 돌아갔다.

(4) 강약 조절 훈련

속삭이듯이	하나면 하나요
조금 더 크게 속삭이며	둘이면 둘이요
작게 말하기	셋 하면 셋이요
조금 더 크게 대화하듯이	넷 하면 넷이요
대화 중 큰 목소리로	다섯 하면 다섯이요
20명 이상 앞에서 발표하듯이	여섯 하면 여섯이요
마이크 없는 강연	일곱 하면 일곱이요
웅변	여덟 하면 여덟이요
고함	아홉 하면 아홉이다

4. 효과적인 스피치 기법

1) 속도

많은 말을 하는 것이 효과가 있지는 않다. 주어진 시간에 얼마나 효과적으로 전달하느냐가 더 중요하다. 말의 빠르기로 상대의 열의나 성격의 조급함, 여유 등이 나타난다. 말하려는 내용 중 강조할 부분은 천천히 또박또박 말하고, 의미에 따라 빠르게 혹은 천천히 말한다.

빠르게 말해야 할 때	느리게 말해야 할 때
• 비교적 이해하기 쉬운 내용	• 어려운 내용
• 비교적 덜 중요한 내용	• 강조하고 싶거나 중요한 내용
• 사건, 상황 등을 단순히 나열할 경우	• 감정을 억제해야 하는 경우
• 누구나 알고 있는 사실을 말할 경우	• 감성적으로 설득할 경우
• 청중의 관심도가 떨어지는 경우	• 숫자, 사람이름, 지명 등을 말하는 경우
• 이미 한 얘기를 또 해야 할 때	• 호기심을 자극하는 내용을 말할 때

2) 높낮이

높낮이는 억양을 의미한다. 롤러코스터를 타듯이 말하는 내용 중 강조할 부분을 높게 말하고 다음에는 낮게 말하면서 높이를 조절한다. 처음 연습할 때는 잘 안 될 수 있으므로 지휘자가 지휘를 하듯이 손으로 높낮이를 그려가며 연습하면 효과적이다.

3) 포즈

포즈(pause)는 잠시 쉬는 것을 의미한다. 강조하고 싶은 내용 전에 잠시 쉬면 그 다음의 내용에 더욱 집중을 하게 된다. 예를 들어, “서울에서 부산까지 가장 빨리 가는 방법이 무엇인지 아십니까? // 그것은 바로 좋은 친구와 함께 가는 것입니다.” 라고 말을 할 때 질문하고 잠시 말을 멈추면 듣는 사람은 ‘무슨 일 인가?’하며 주의를 집중하게 된다. 물론 너무 자주 멈추는 것은 역효과를 가져온다. 강조하기 전에 잠시 멈추는 것, 그리고 상대방의 호흡을 따라가면서 약간씩 쉬어 주는 것을 염두에 두고 스피치를 연습한다.

4) 강조

강조란 특정 음절이나 단어를 다른 부분보다 조금 더 강하게 말하는 것을 의미한다. 말하려는 메시지 중 강조할 부분을 강하게 말하면 된다. 이 말만 있어도 의미 전달되는 것을 우선 동그라미 쳐 본다. 예를 들어, 다음 페이지의 기내 방송문 중 첫 문구를 보면 '손님', '안녕', '오늘', '○○항공', '이용', '감사'의 단어만 있어도 의미 전달이 된다. 의미에 따라 강조하고 싶은 부분을 우선 표시해 두고 연습을 해 본다.

5) 바디랭귀지(비언어적 표현)

바디랭귀지란 음성 언어나 문자 언어에 의하지 않고 몸짓이나 손짓, 표정 등 신체의 동작으로 의사나 감정을 표현 · 전달하는 행위를 의미한다.

특히 스피치를 할 때 말의 내용과 음성적인 부분, 그리고 보이는 부분은 반드시 일치되어야 한다. 대인관계가 좋고 자신감이 있다고 하는데 시선이 불안정하거나 표정이 어둡다면 설득력이 떨어질 수밖에 없다. 당당하고 바른 자세, 단정한 용모와 복장, 이 모든 것이 다 중요하지만 무엇보다 환한 미소와 열정적인 눈빛을 잊지 않아야겠다.

Activity **함께 해 봐요!**

- 다음의 기내 방송문을 높낮이를 살려가며 연습해 본다. 지금까지 언급했던 내용들 중 어떤 방법이 효과적일지 문장에 표시를 해 두며 연습한다.
- 녹음한 후 자신이 말 한 것을 들으며 수정해 나가면 단기간 내에 효과를 볼 것이다.

WELCOME 방송문

손님 여러분, 안녕하십니까?
오늘도 저희 ___항공을 이용해 주셔서 대단히 감사합니다.
이 비행기는 ___까지 가는 ___ 항공 ___편이며
___까지의 비행 시간은 ___시간 ___분으로 예정하고 있습니다.
저희 승무원들은 여러분을 ____까지 편안히 모실 수 있도록
정성을 다하겠습니다. 감사합니다.

Chapter

10

면접 커뮤니케이션

CHAPTER 10

면접 커뮤니케이션

학습목표

1. 면접 답변의 기본 원칙을 이해하고 표현을 익힌다.
2. 면접 시 주의사항을 익힌다.

애플사의 직원들은 스티브 잡스(Steve Jobs)가 CEO로 있던 당시 아무리 높은 층도 걸어 다녔다고 한다. 왜냐하면 스티브 잡스는 엘리베이터에서 만난 직원에게 항상 "회사에서 하는 일이 무엇인가?"라고 묻고, 다음엔 "하는 일이 회사에 도움이 되는가, 된다면 어떤 식으로 도움을 주고 있는가?"라고 질문했기 때문이다. 이에 대답을 제대로 하지 못한 직원에게 잡스는 엘리베이터에서 내리자마자 "당신은 해고야."라고 말했다는 일화가 있다. 그는 늘 A급 인재를 고수했다. 마음이 급한 나머지 B급 인재를 채용하는 순간, 조직은 B급은 물론 C급으로 순식간에 전락한다는 믿음을 굽히지 않았다(매일경제 2015.11.04. 기사 일부 수정 발췌).

인사가 만사라는 말이 있다. 한 사람의 좋은 인재를 뽑게 되면 그로부터 파생되는 긍정적 효과와 회사에 기여하는 효과가 매우 크다는 말이다. 예를 들면, 한 사람의 참 괜찮은 신입 직원이 들어 왔다고 해 보자. 교육 받을 때부터 솔선수범하고 적극적인 자세는 주변 신입 직원들에게도 긍정적 전이가 되어, 그 기수가 배정되는 다른 팀에도 긍정의 나비효과를 일으킬 수 있다. 사람은 서로 영향을 주고받는다. 조직을 일으키거나 혹은 망하게 하는 것은 결국 사람이다. 특히나 조직에서 한 사람 한 사람은 매우 중요한 존재이고, 바르고 괜찮은 인재를 뽑고 싶은 것은 어쩌면 당연한 일일 수 있다.

따라서 이 장에서는 면접에서 효과적으로 자신을 어필하는 구체적인 방법을 정리하였다.

1. 면접 답변의 핵심 원칙

취업을 위해 넘어야 하는 관문에서 지원자는 늘 답답하다. 원래 잘 모를 때 어려운 마음이 들고 더 떨린다. 내가 직접 경험해 보지 않은 것을 확신을 가지고 이야기하는 것이 쉽지는 않기 때문이다. 하지만 세상만사에는 그것을 꿰뚫는 기준, 즉 원칙이 있는 법. 그 원칙을 이해하면 모호하던 것들이 조금씩 선명해짐을 느낄 것이다.

1) '인성', '직무적합성', '의지'를 어필하라

취업을 위해 넘어야 하는 관문에서 지원자는 늘 질문을 받는다. 자기소개서에서,

면접에서 받는 질문 개수는 많지는 않지만 그 무게는 어마어마하다. 그 무게감을 덜기 위해 수많은 기출문제들을 살피고 준비를 하게 된다.

면접에서 질문을 하는 이유는 무엇일까? 당연히 지원자를 살펴서 기업에 더 좋은 인재를 뽑고 싶기 때문이다. 질문을 통해 지원자가 바르고 건전한 성품(인성)을 지니고 있는지, 직무에 적합한 역량(직무적합성)을 지니고 있는지, 그리고 이 일을 열심히 하고 싶은 '의지'가 있는지를 파악하고 싶은 것이다.

따라서 자기소개서를 쓰거나 답변을 할 때는 '인성', '직무적합성', '의지'를 확인할 수 있도록 답변을 해야 한다.

① 조직 구성원에게 인성은 무엇보다 중요하다. 올바른 인성을 지닌 사람은 자신을 잘 조절할 수 있고 정직하며 바른 품성을 지니고 있다. 또한 타인과의 인간관계도 잘 유지할 수 있으며 좋은 표현력 또한 지니고 있다. 인성이 좋은 사람으로 보이기 위해서는 평소 긍정적인 생각을 바탕으로 한 언어 습관과 태도가 중요하다. 특히 비언어적 태도는 특히 몇 마디 말보다 더 강력하고 많은 단서를 주게 되므로 더욱 유의할 필요가 있다. 또한 답변과 글에서는 회사와 팀조직에 조화를 이루는 성향인지, 올바른 가치관을 지닌 사람인지를 증명할 수 있어야 한다.

② 직무적합성이란 자신이 이 일을 잘 할 수 있을 것인지를 살피는 개념이다. 지원자는 직무에 대한 자신의 철학과 문제해결능력을 가지고 있어야 한다. 따라서 하는 일에 대한 이해와 함께 관련한 유사 경험 사례를 정리하는 것이 도움이 된다. 사례를 언급하며 자신의 상황대처능력을 어필하는 것이 효과적이기 때문이다.

③ 일에 대한 의지는 무엇보다 중요하다. 다소 부족한 점이 있더라도 의지가 있

다면 얼마든지 보완이 가능하기 때문이다. 어떠한 일이건 억지로 시키는 대로 하게 되면 심부름꾼에 지나지 않고, 즐기며 일을 하면 전문가가 될 수 있다. 잘하는 사람은 즐기는 사람을 이길 수 없다는 말이 있다. 이 일을 하게 됨으로써 얻게 되는 부수적인 것에 매력을 느껴서가 아닌, 이 일 자체가 좋아서 하고 싶은지 스스로 되묻고 그 마음을 전달하여야 한다.

2) What, Why, How의 구조로 구성한다

(1) What(무엇)

What(무엇)은 결과이자 목적이고 결론이며 주제이다. 또한 원하는 무엇, 즉 상태를 이야기할 수도 있다. 지금까지 여러 자기 분석을 통해 자신의 '무엇'을 끄집어내기 위해 애썼고 어느 정도 정리가 되었을 것이다. 짧고 임팩트 있는 What(무엇)을 먼저 언급하게 되면 그 느낌이 매우 파워풀하다. 전달이 잘된다는 의미이다. 특히 처음에 결론이자 주제인 What을 먼저 언급하고 들어가게 되면 이야기를 전개해 나가는 본인도 흐름을 유지할 수 있어 조금 더 짜임새 있는 구성을 할 수 있게 되고,

듣는 사람도 집중해서 들을 수 있다. 말의 의도를 알고 듣게 되면 다음 말이 예측이 되고 더 잘 들리게 되기 때문이다.

그러나 두괄식으로 면접에서 이야기하는 것은 쉽지 않다. 질문을 들었을 때 처음에 떠오르는 키워드를 먼저 언급하고 그에 따른 이유나 스토리를 이야기하는 연습을 할 필요가 있다.

(2) Why(이유)

Why(이유)는 '목적', '가치관', '신념'을 묻는 것이다. '돈을 많이 벌겠다'고 했을 때 '돈'이 이유가 될 수는 없다. '돈'을 왜 그렇게 벌고 싶은가가 진짜 이유가 될 수 있겠다. 자극과 반응 사이에는 'Why'가 숨어 있다. 어떠한 반응을 할 때 사람은 내면의 'Why'가 작동하기 때문에 '반응', 즉 '행동'을 하는 것이다. 자신의 'Why'를 제대로 이해하고 있다면 행동을 선택하고 조절할 수 있게 된다.

또한 이유를 언급하는 것은 제시된 주제(결론)에 설득을 더해 준다. 하버드대학교의 심리학자인 엘런 랭거는 이유를 언급할 때 사람들의 설득이 더 잘된다는 것을 실험으로 증명하였고 이를 '왜냐하면 효과'라고 한다. 어떠한 일이 늦어질 때 그냥 지연된다고 하기보다 "~한 이유로 인해" 지연된다고 사유를 밝힐 때 상대의 반발이 덜하다. 그렇게 행동하는 이유, 근거를 제시하면 이해가 더 쉽기 때문이다.

답변이나 자기소개서에서 Why(이유)는 1~2번 정도 제시할 수 있다. 앞서 언급한 것처럼 자기소개서나 답변은 두괄식으로 키워드나 핵심 문장을 처음에 말하는 것이 효과적이다. 그 이후 Why(이유)를 언급한다. 그리고 사례(스토리)를 말하고 난 후 그렇게 행동했던 자신의 행동 원칙 혹은 의도(Why)를 말하면 된다. 이후 의지(Will)로 마무리하면 근사한 답변이 될 수 있다.

(3) How(방법)

How(방법)는 '행동 방식'을 묻는 것이다. 같은 상황에도 사람마다 해결하는 방식은 다르다. 예를 들어, 고객이 물을 한 잔 달라고 한다면 그저 물 한 잔을 가져다 줄 수도 있지만, 더운지 확인하고 얼음물과 함께 에어컨 조절까지 할 수도 있다. 업무에서는 상황(고객, 주변 환경 등)을 종합적으로 살피고 자신만의 서비스 방식을 창의적으로 만들어낼 수 있는 사람이 필요하다. 그러한 노하우(Knowhow: 자신이 터득한 방법이나 요령)는 경험에서 얻어질 수도 있고, 생각을 통해 창출될 수도 있으며, 대상에 대한 진정성에서 나오게 될 수도 있다.

그렇다면 면접과 자기소개서에서 이 What, Why, How를 어떻게 유용하게 활용할 수 있을까? 기업에서 보고를 하거나 프레젠테이션을 할 때 이 What, Why, How에 맞춰 준비하면 실수가 적다. 즉 무엇을 말하고자 하는지(What), 그것을 어떤 이유로 하는지(Why), 그래서 어떻게 할 것인지(How)를 이야기하는 것이다.

예를 들어 면접에서 지원자의 강점을 물었을 때 어떤 강점(What)을 지녔는지, 그것이 어떤 이유(Why)로 해당 직무에서 강점이 되는지, 그 강점을 어떻게(How) 업무에서 발현할 수 있는지로 구성하여 답변할 수 있다.

또한 가장 기본적으로 준비하는 '본인 소개'를 예를 들자면 자신을 한 키워드로 표현(What)하고, 그 이유(근거)는 무엇인지, 그러한 역량을 쌓기 위해 어떠한 노력(How)를 기울였는지를 말하면 된다.

다음은 지원자의 자기소개 스피치이다. 앞에서 언급한 What, Why, How를 바탕으로 구조를 이해해 보자.

What(결론) – Why(이유) – How(방법) – What(무엇) + Will(의지)

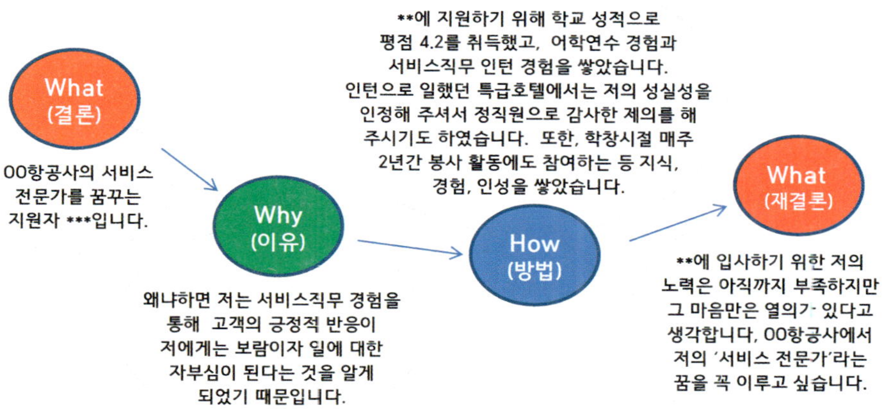

3) STAR 기법으로 자신만의 스토리를 만든다

면접에서 안타까운 지원자는 나열형으로 자신의 강점 어필을 하는 지원자이다. 예를 들어, "저는 성실하고 책임감이 강하며 친화력이 좋습니다. 또한 글로벌 마인드를 지니고 있고 서비스 또한 잘 한다고 자부할 수 있습니다."라고 한다면 그것을 어떻게 증명할 수 있을까? 이 말은 다른 지원자가 말해도 전혀 문제가 되지 않는 말이다. 증거가 없는 말은 설득력이 떨어진다.

설득력이 떨어지는 답변에 심폐소생을 해 주는 것이 바로 STAR기법이다. STAR 기법이란 현실감 있게 자신의 경험(스토리)을 들려주는 것이다. "학생 시절 공부를 열심히 했습니다."하면 그저 그런 답변이지만 "학창시절 2년 동안 전액 성적 장학금을 받았습니다. 학과 공부가 무엇보다도 재미있어서 몰두하게 되었고 그 과정을 통해 전공과 자신에 대한 자부심도 생기는 계기가 되었습니다."하면 듣는 이에게 전달하려는 내용이 더 잘 들리고 설득력이 생긴다.

STAR기법은 주로 경험을 묻는 질문이나 상황대처 능력을 어필해야 할 때 유용하다.

STAR 기법 + Will(의지)

- **Situation(상황):** ~한 Situation(상황)에서
- **Task(과업, 임무):** ~의 Task(과업, 임무)가 있었고
- **Action(행동):** 그것을 하기 위해 (~한 의도로) ~한 Action(행동)을 했으며
- **Result(성과):** 그 과정을 통해 ~의 Result(성과, 배운 점, 느낀 점)가 있었다.
- **Will(의지):** 그 경험을 입사 후 ~한 방식으로 발현시키겠다.

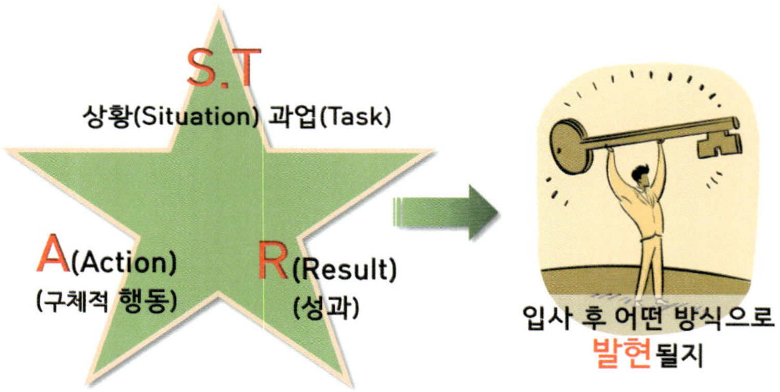

STAR 기법을 활용할 때 꼭 주의해야 할 점이 있다. 스토리를 말한다고 해서 절대 장황해지면 안 된다. 장황한 화법으로는 의사전달이 제대로 되기 어렵다. 특히 하루 종일 수십 명을 봐야 하는 면접관들은 집중도가 떨어질 수 있다는 점을 염두에 두어야 한다. 면접관이 장황한 이야기에 지루해지면 말허리를 자를 수도 있다. 스토리는 언급 정도가 좋다. 딱 필요한 핵심 내용만 간략하게 요약해서 말하는 습관

을 들여야 한다.

또한 근거를 제시할 때 숫자로 표현하면 논리적으로 보이고 확실함이 돋보인다. 예를 들어, "아르바이트하는 곳에서 인정을 받았다."고 말하는 것보다 "아르바이트하던 레스토랑에서 한 달에 10건 이상의 고객 감사 편지를 받아 그 달의 우수 사원에 뽑혔다."고 숫자를 동원하여 근거를 제시하면 인정을 받았다는 말에 설득력이 생기게 된다.

다음은 지금까지 언급한 내용이 적용된 사례이다. 언급된 내용들이 어떻게 적용되었는지 살펴보고 이 지원자의 이야기를 들으며 이 지원자가 어떻게 보일지도 생각해 보자.

〈사례〉

안녕하십니까? 디테일의 차이를 아는 지원자 ○○○입니다. 디테일의 차이는 평범한 일도 비범하게 할 수 있게 하며, 이는 프로와 아마추어의 차이를 만들어 낸다고 생각합니다.

일례로 호텔 인턴십 당시 객실에서 아기를 동반한 고객이 하나의 분유병만을 사용하는 것을 보았습니다. 아기의 건강과 위생을 생각하여 분유병을 소독해 드릴 것을 제안하였고 고객께서는 요구하지 않은 세심한 서비스에 감사를 표시하셨습니다. 한 발 앞서 고객의 불편함을 생각하고 행동함으로써 더 나은 서비스를 제공했다고 생각합니다.

저는 제가 맡은 일을 할 때, '이 일은 나의 예술이며, 나의 자부심이다'라는 마음가짐으로 일을 합니다. 저의 이 마음가짐과 디테일의 차이를 아는 서비스 전문성을 바탕으로 ○○에서 고객감동을 실현하겠습니다.

2. 면접 시 주의사항

1) 긍정적으로 보여야 한다

기업에서는 바로 업무에 투입해 일을 할 수 있는 인재를 선발하려 한다. 조금만 가르치면 바로 현장에 투입해서 일을 해도 손색없을 사람을 원한다는 뜻이다. 면접에서 그러한 사람처럼 보이려면 무엇보다 필요한 것은 무엇이든 배우고 습득할 수 있다는 자신감, 즉 긍정적인 마인드이다. 긍정적인 마인드에서 나오는 이미지와 화법은 무엇보다 중요하다.

따라서 길지 않은 면접 시간에 긍정적인 면을 보여주기 위해 노력해야 한다. 특히 제일 잘 들리는 멘트 첫 부분부터 부정적인 내용으로 시작하는 것은 참 안타까운 접근이라 볼 수 있다. 하다못해 부정적인 질문을 받더라도 본인의 노력하는 자세, 깨닫고 성장한 점 등을 말하여 면접관에게 노력하는 자세를 지닌 긍정적인 사람으로 보여야 한다. 잊지 말자. 짧은 면접 시간은 인생 고민을 토로하는 시간이 아니다.

2) 암기하지 말고 대화를 하라

오랫동안 준비해온 지원자들은 준비도가 높은 지원자라 할 수 있다. 하지만 안타깝게도 기계적인 답변을 한다는 맹점이 있기도 하다. 기업 인사담당자들은 '인위적이고 정형화된 태도와 이미지를 갖춘 지원자들은 오히려 불이익을 받게 된다'고 지적할 만큼 면접에서 자연스럽게 자신을 표현하는 것은 매우 중요하다. 자연스러움마저도 연출하라는 의미는 아니다. 면접은 자신에 대해 면접관과 대화를 하는 자리이다. 앞서 배운 화법을 이용하되 그 사실이 자신의 이야기이므로 진심을 담아 이야기해야 한다.

3) 질문을 잘 듣고 질문에 맞는 답을 하라

국내 모 기업의 면접 기출문제가 있었다. '왜 이 일을 하려고 하고, 어떤 준비과정을 거쳤으며, 그 과정에서 느낀 점'을 묻는 질문이었다. 참 좋은 질문이라 여러 수업에서 학생들에게 물어 봤었는데 제대로 대답을 하는 경우는 많지 않았다. 긴장 상황에서 질문이 여러 가지 의미로 들려 어느 부분을 강조하여 대답해야 할지 어려운 질문일 수도 있다. 그런데 대부분 본인이 듣고 싶은 것만 듣고 하고 싶은 답변만 선별적으로 골라 말하였다. 질문을 잘 못 들었다면 "죄송합니다, 제가 너무 긴장해서 질문을 못 들었습니다. 혹시 괜찮으시면 한 번 더 말씀해 주시겠습니까?" 하고 차라리 다시 질문하는 것이 낫다. 동문서답보다는 솔직함이 낫다.

4) 자신만의 핵심 문구를 만들어라

광고를 돋보이게 하는 한 줄짜리 카피 문구는 뇌리에 남는다. 사람들은 신문기사 헤드라인을 보고 더 읽을지 말지를 결정한다. 이렇듯 짧고 영향력 있는 문구는 백 마디 말보다 설득력이 있다. 자신을 잘 표현하는 한 줄 문구를 몇 개 마련해 보자. 자기소개서와 스피치에서 잘 활용할 수 있을 것이다.

5) 말이 꼬여도 절대 중간에 포기하지 말라

누군가의 평가를 받는 자리는 참 어려운 자리다. 그래서인지 면접 중 갑자기 준비한 대답이 생각이 안 나거나 말을 더듬는 지원자를 종종 보게 된다. 그럴 때 어떤 지원자는 잠시 머뭇거리더라도 애를 써서 더 밝게 웃으며 마무리를 짓고, 어떤 지원자는 표정이 어두워지며 중간에 포기한다. 누구든 실수는 한다. 차이는 그 상황을 이겨내느냐, 포기하느냐이다. 특히 상황대처능력은 누구에게나 요구되는 필수 능력인 만큼, 어려운 상황에서 포기하는 태도는 중대한 결함이 될 수 있기에 특히 더 주의를 기울여야 한다.

6) 자신감 있는 말투를 사용하라

지원자들이 자주 사용하는 말이 "~인 것 같습니다."이다. 생각이나 취향을 묻는 질문에도 이 말투를 쓰는 지원자들이 의외로 많다. 예를 들면 "저는 노란색을 좋아하는 것 같습니다.", "음식은 한식을 좋아하는 것 같습니다."라고 표현한다. 노란색을 좋아하면서도 습관적으로 좋아한다고 말하지 못하고 좋아하는 것 같다는 애매하게 자신의 견해를 흐리는 말투를 쓰는 것이다. 이런 자신감 없는 말투를 연속해서 사용하게 되면 자기 생각에 대해 확신과 자신감이 없어 보인다. "저의 생각은 ~입니다.", "~라고 생각했습니다.", "~입니다." 등 다른 말로 바꿔서 표현해 본다. 이런 태도는 면접 준비뿐 아니라 평소에도 자신의 말을 확신 있게 표현하는 연습에서 기를 수 있다.

Activity 함께 해 봐요!

자기소개와 지원동기

- 본인소개(1분 내외)

- 지원동기(1분 내외)

- 입사 후 포부(1분 내외)

Chapter 11

서비스 커뮤니케이션

CHAPTER 11

서비스 커뮤니케이션

학습목표

1. 고객 서비스 대화 기법에 대해 알아본다.
2. 고객 유형별 응대 기법에 대해 알아본다.

고객 서비스 시 직원과 고객과의 상호작용은 필수적이다. 특히 고객은 좋은 서비스보다는 좋지 않았던 서비스 경험을 더 오래 기억하는 특징이 있고 자신의 경험으로 전체 서비스 혹은 기업 이미지를 단정지어 판단하는 경향이 있으므로 서비스 제공자의 의사소통 능력은 고객 만족과 기업 경영에 있어 매우 중요한 요인이라 할 수 있다. 서비스 제공자는 의사소통을 통해 고객에게 정보를 제공하며 서비스 제공자의 소통 능력이 고객의 서비스 품질 지각과 신뢰도 형성 등에 영향을 미치기 때문(김유정 · 우종필, 2008)에 고객과의 의사소통 능력은 개인과 조직 차원 모두에서 매우 중요하다.

따라서 이 장에서는 고객과 접하게 되는 서비스 상황에서 고객에게 긍정적인 이미지를 줄 수 있는 고객 대화법에 대해 설명하고, 유형별 고객 응대기법을 정리하였다.

1. 고객 서비스 대화기법

1) 고객의 말을 잘 들으면 고객의 정보와 호감, 두 마리 토끼를 잡을 수 있다

미국의 위대한 리더이자 연설가였던 루즈벨트 대통령은 훌륭한 대화를 위한 비결이 '123법칙'을 실천하는 것이라고 하였다. 훌륭한 대화란 한 번 말하고, 두 번 듣고, 세 번 공감하는 데서 이루어지는 것이라는 뜻이다. 특히나 고객의 생각과 감정을 읽는 대화를 통해 고품질의 서비스를 해야 하는 상황에서 '얼마나 말을 잘 하는지'가 아니고 '얼마나 경청을 잘 하는지'를 익혀야 함은 아무리 강조해도 지나치지 않다.

특히 고객의 이야기를 잘 듣는 것을 통해 고객이 원하는 것을 파악할 수 있고,

고객은 자신의 이야기를 잘 들어주는 직원에게 호의를 갖게 되어 신뢰를 형성하게 된다.

고객의 말을 경청하는 방법은 다음과 같다.

(1) 고객의 말에 우선 멈추고 여유 있게 듣는다

서비스를 하던 중에 고객이 말을 걸면 우선 멈추고 고객의 이야기를 듣는다. 만약 하던 일이 있다면 잠시 양해를 구하고 빨리 일을 마친 후 응대한다.

(2) 경청을 방해하는 잡음 요인을 피하고 고객의 관점에서 대화한다

경청을 방해하는 요인으로는 외적 장애요인(청각적 소리, 시각적 장면, 후각적 요인 등)과 내적 장애요인(방어적 성향, 우월성, 자신의 과거경험, 가치관, 선입관 등)이 있다. 이러한 장애요인을 제거하고 최대한 역지사지(易地思之)의 열린 마음으로 고객에게 집중한다.

(3) 잘 듣고 있음을 보인다

고객의 이야기를 잘 듣고 있음을 표현하는 것은 고객과의 의사소통에서 매우 중요하다. 그 내용은 다음과 같다.

① 맞장구

고객의 이야기를 들을 때는 고객을 향해 몸을 돌려 개방적인 자세를 취한다. 고객 쪽으로 몸을 살짝 기울이는 것도 효과적이다. 또한 적절히 눈을 맞추고 고객을 끄덕이는 반응과 맞장구(예: 네~, 맞습니다, 속상하셨겠습니다)를 치는 등 고객의 말을 잘 듣고 있음을 보인다.

- 맞장구의 예

언어적 (네~, 맞습니다, 속상하셨겠습니다 등) 비언어적 (시선 맞춤, 고개 끄덕임, 적절한 표정, 자세)

② 백트래킹

고객의 말을 제대로 이해하였는지 확인하는 방법으로 백트래킹(backtracking)기법이 있다. 상대방이 말한 내용의 일부를 반복하거나 확인하는 언어적 반응을 보여주는 것이다.

이 백트래킹 화법을 통하여 고객과의 대화 시 고객의 의사가 명확하게 전달되었는지 확인이 가능해져 신뢰감이 더해질 수 있다. 또한 대화가 끊이지 않고 다음 대화로 이어질 수도 있으며, 고객이 진정 원하는 바가 무엇인지 파악할 수 있어 고객 서비스에 매우 효과적이다.

- 백트래킹의 예

대화를 종결하는 단답형의 화법	고객의 말을 반영하는 백트래킹 화법
고객: 물 좀 주세요. 직원: 네	고객: 물 좀 주세요. 직원: 네, 물 준비해 드리겠습니다.
(물품 판매 시) 고객: 이 화장품 20대 여대생이 발라도 어울릴까요? 직원: 네,	(물품 판매 시) 고객: 이 화장품 20대 여대생이 발라도 어울릴까요? 직원: 네~ 가능합니다. 20대 여대생에게 선물하려 하시나 봐요. 평소 어떤 색이나 스타일을 좋아하는 분인가요....(대화 이어짐)

(두통을 호소하는 고객과 대화 시) 고객: 머리가 아프네요.. 직원: 아, 네.	(두통을 호소하는 고객과 대화 시) 고객: 머리가 아프네요.. 직원: 머리가 아프셔서 불편하신가봐요, 두통약을 준비해 드릴까요?(고객이 두통약 요청 시) 두통약 준비했습니다, 그 외에 제가 도와드릴 일이 있으면 언제든지 말씀해 주십시오.
(고객과 긴 대화 시) 고객: 제가 ________해서 ~~~ 해야 하는데요, 어떻게 해야 하나요? 직원: 글쎄요..	(고객과 긴 대화 시) 고객: 제가 ________해서 ~~~ 해야 하는데요, 어떻게 해야 하나요? 직원: ~~~이 궁금하신 것이지요?/ ~~말씀이십니까? / ~~~에 대해 확인하고 안내해 드리겠습니다.

2) 정중하고 예의 바른 언어를 사용한다

(1) 고품격의 서비스를 지향하는 서비스 기업에서는 고객 응대 시 '합쇼체'를 권장하고 있다. 합쇼체는 우리가 일반적으로 알고 있는 '다까체'를 의미하는데 고객과 대화를 나눌 때 어미 처리를 '~다', '~까'로 마무리하는 것을 의미한다. 그렇다고 모든 어미 처리를 '다', '까'로 끝내라고 하는 아니다. 고객을 응대하는 상황이므로 다까체 비중을 좀 더 높이라는 의미이다. 그 비율은 7:3 정도가 적당하나 때에 따라 적절히 조절하는 것이 필요하다. '합쇼체'는 자칫 말투나 어감이 부드럽지 않고 딱딱하게 느껴질 수 있으므로 최대한 친절한 톤으로 말하여 이를 보완하도록 한다.

(2) 올바른 호칭 사용은 고객과의 대화에 격을 더한다. 고객의 직함을 알고 있다면 직함을 부르는 것이 적절하며, 30대 이상의 고객에게는 '선생님'이라는 호

칭이 무리가 없다.

일반적으로 나이가 있는 여성과 남성에게는 친근감을 더하고자 어머님, 아버님을 사용하는 경우가 많은데 고객의 연배나 신변에 따라서 부정적으로 들릴 수 있는 점을 감안하여야 한다. 고객의 호칭을 잘 모를 때는 호칭을 어떻게 할지 조심스럽게 묻는 것도 방법이다.

또한 초등학생이나 미취학 어린이에게 함부로 반말을 하지 않고 경어를 사용하는 것이 좋으며 ○○○어린이/학생이라는 호칭을 사용한다.

(3) 고객과의 대화 시 에는 완충작용을 하는 화법, '쿠션(cushion)화법'을 사용하는 것이 효과적이다. 쿠션화법은 정중한 양해의 표현으로 완충작용을 하여 부탁이나 양해를 구할 때 사용할 수 있다. (예: 죄송합니다만, 괜찮으시다면, 불편하시겠지만 등)

(4) 고객과의 대화에 있어 표준어를 사용한다. 고객에게는 반말 같은 말투, 은어, 속어를 사용하지 않도록 주의하고, 불필요한 전문용어 사용은 지양한다.

● '다까체'의 예

~ 해 드릴게요(x)	→ 드리겠습니다.
~ 잠시만 기다리세요(x)	→ 기다려 주시겠습니까?

● 전문용어 순화의 예

오늘은 크라운을 할 예정입니다.	→ 오늘은 씌우는 치료를 할 예정입니다.
오늘은 예약이 Full입니다.	→ 오늘은 예약이 다 찼습니다.
곧 Meal 서비스를 시작합니다.	→ 곧 식사서비스를 시작합니다.

* 이 외에 전문용어 순화의 예를 더 찾아본다.

3) 거절할 때도 Yes-But-Yes의 긍정화법을 사용한다

우리의 뇌는 똑같은 자극이 와도 부정적인 감정을 더 오래 기억한다고 한다. 따라서 고객과의 대화 시 가능한 긍정적인 대화를 하는 것이 필요하다. 이는 서비스를 받는 사람에게 긍정적인 이미지를 남길 뿐만 아니라 고객의 마음을 얻을 수 있기 때문이다. 물론 고객이 원하는 것에 다 'Yes'하면 되겠지만 문제는 제한적인 상황에서 'No' 해야 할 경우이다. 고객과의 요구사항을 들어드릴 수 없을 때 바로 "없습니다.", "(규정상) 안 됩니다."의 부정화법보다는 "한 번 확인해 보겠습니다.", "상의해 보겠습니다.", "(잠시 후) 확인 해 봤는데 어려울 것 같습니다. (대안을 제시하며) ~은 어떠신지요, (대안) ~은 이러한 면에서 좋습니다." 등의 긍정화법으로 최대한 고객을 위하여 애쓰고 있음을 보이는 것이 바람직하다.

4) 청유형을 사용하라, 고객은 명령 받는 것을 좋아하지 않는다

어릴 적 엄마가 "~~~~해!" 하면 괜한 반발 심리에 "싫어!"라고 응했던 경험이 있을지 모르겠다. 사람은 자신의 자유의지(自由意志) 대로 하고 싶어 하는 속성을 지니고 있다. 즉, 타인의 명령에 대해서는 거부감이나 반발심을 갖는다. 따라서 고객과의 대화에 있어서도 청유형을 사용하여 고객에게 결정권을 주는 것이 더 바람직하다. 청유형 표현이라 할지라도 말투나 어감이 명령형으로 느껴지지 않도록 친절한 어투를 사용한다.

청유형과 명령형의 예는 다음과 같다.

명령형	청유형
확인할 테니 기다리세요.	확인해 드리겠습니다. 잠시만 기다려 주시겠습니까?
좀 기다리세요.	잠시만 기다려 주시겠습니까? 잠시만 기다려 주시면 곧 도와드리겠습니다.

● 연습해 봐요

다음의 내용을 적합한 대화로 바꾸어 보세요.	
잠깐 기다리세요.	
내가 할게요.	
Waiting list에 올려 드리겠습니다.	
고객님, ______은 하지 마세요.	

아버님/어머님/사모님	
(어린이에게) 꼬마야, 음료수 줄까?	
식사 뭐 드실래요?	
회사 규정상 그건 어려워요.	
글쎄요, 확실치는 않아서요...	

2. 고객 성향별 응대 기법

1) 큰 소리로 말하는 고객

- 목소리를 낮추고 천천히 말한다.
- 계속 언성을 높일 때는 다른 고객에게 폐를 끼치지 않는 곳으로 이동하는 등 분위기를 바꿔보는 것도 방법이다.

2) 무리한 요구를 하는 고객

- 우선 고객이 무리한 요구를 하는 이유를 묻고, 입장을 충분히 이해하고 있음을 표현한다.
- 고객의 말을 경청 후 납득할 수 있도록 차분하게 설명하거나 대안을 제시한다.
- 목소리를 높이거나 말대꾸하거나, 바로 "안 됩니다."하며 무안 주지 않는다.
- 차분하며 전문적인 모습을 보이는 것이 필요하다.

3) 예민하고 깐깐한 고객

- 예의 있게 말하나 차가운 느낌의 고객이다.
- 서비스하는 사람의 잘못을 짚고 넘어가는 경향이 있는데 이들은 자존심이 강한 경향이 있으므로 변명하거나 반대의견을 말하기보다는 '말씀해 주셔서 감사합니다.'라며 수용하는 자세를 보이는 것이 좋다.

4) 무례한 고객

- 무례한 고객에게 쩔쩔매거나 혹은 차갑게 대하는 태도는 도움이 되지 않는다.
- 특히 다른 고객 앞에서 무안하게 하지 않는다.
- 평정심을 가지고, 의연하고 예의바르게 대하는 것이 좋다.

5) 말 많은 고객

- 최대한 성의껏 응대한다. 그러나 업무상 말을 끊어야 할 때는 적절한 질문을 던져 상대방의 말을 멈추게 한 다음 상대방의 말을 간단히 요약하여 결론지어 끝낸다.
- 이때 상대의 기분이 상하지 않도록 최대한 친절하게 말한다.

6) 성급한 고객

- 바른 자세로 예의바르고 전문적인 태도를 취한다.
- 말은 시원시원하게 행동은 빨리 한다.
- 처리가 지연되거나 시간이 걸릴 경우 미리 소요시간을 말한다.

7) 화내는 고객

- 고객이 어떠한 이유로 화를 내는지 적극적으로 듣고 공감반응을 보인다.
- 고객이 불편함을 느낀 부분에 대해 사과한다.
- 고객의 화가 다소 풀리면 대안을 제시하고 이행한다.

8) 말이 없는 고객

- 고객에게 천천히 따뜻한 말투로 응대한다.
- 직원에게 한 번의 요구를 하기까지 여러 번 생각했을 수 있음을 기억하고 요구한 내용에 대해 차근차근 빈틈없이 서비스한다.

9) 과시하고 싶어하는 고객

- 자기 자랑이 심하고 거만하거나 자신이 모든 것을 알고 있다는 듯이 행동하는 고객이 이에 해당된다. 이들은 권위적인 느낌을 주며, 자신의 생각을 굽히려 하지 않는 경향이 강하다. 고객이 자랑한다면 칭찬과 맞장구로 응대하고, 대화중에 반론을 하거나 자존심을 건드리지 않도록 유의한다.

3. 고객 성격유형별 응대 기법

사람은 개인의 유전적 특성, 주어진 환경, 개인의 의지 등이 결합되어 각기 다른 특성을 지닌다. 그러나 이러한 개인의 특성을 뛰어넘어 공통된 특성을 가지고 있음을 연구하고 입증한 학자들이 있으며 그 연구는 사람의 행동을 이해하고 적용함에 있어 많은 도움이 되었다. 사람들의 공통된 성격의 특징을 이해하면 자기 자신에 대한 이해는 물론이고 대인 관계에 대한 이해도를 높일 수 있다. 사람의 성격유형의 이해를 통해 각기 다름의 차이를 인정할 수 있기 때문에 조금 더 폭넓은 시야를 가질 수 있게 됨은 추가적으로 얻을 수 있는 이점이다. 또한, 다양한 고객에 대한 세심한 맞춤 서비스가 가능해져 고객만족을 이끌어낼 수 있으며, 이를 통해 업무에 있어 숙련도와 전문성을 더할 수 있을 것이다.

고객 성격유형의 특성과 응대 방법은 다음과 같다.

1) 성격유형별 특성

(1) 주도형

- 자기주장이 강하고 추진력이 뛰어나다.
- 직설적이고 적극적이며 결과와 목표에 대한 높은 욕구가 있다.
- 권위의식이 강하며 책임감을 중요시 여긴다.
- 장황한 설명이나 복잡한 절차, 세세함을 싫어한다.
- 리더가 되는 것을 즐긴다.
- 의사결정을 빨리 내리는 유형이다.
- 행동유형의 특성은 뒷짐을 지거나 팔자걸음이 많다.

(2) 사교형

- 낙관적이고 친근감이 있다.
- 사람이나 상황을 보는 관점이 긍정적이다.
- 좋은 화술과 사람들과 쉽게 어울리는 친화력으로 호감을 준다.
- 팀의 분위기 메이커이다.
- 최신 유행을 선호하고 패션에 민감한 스타일이다.

- 너무 많은 참견, 귀찮게 함, 산만함, 비체계적인 면이 단점이다.
- 행동특성은 몸놀림이 가볍고 재빠르며 의사소통 시 손과 팔의 제스처가 많다.

(3) 안정형

- 일관된 태도로 한결같다.
- 참을성이 있으며 언행이 상냥하다.
- 다른 사람과 협력적으로 일하는 것을 좋아하며 조화와 균형을 중요시 여긴다.
- 다수보다는 소수의 사람과 어울릴 때 안정감을 느낀다.
- 갑작스러운 변화보다는 기존의 방식을 지키는 것을 선호한다.
- 주도적, 추진력, 단호한 태도가 부족해 우유부단한 느낌을 준다.

(4) 분석형

- 치밀하고 논리적이며 비판적으로 비교분석하는 스타일이다.
- 검증된 자료나 객관적인 자료를 제시하는 것이 자세하고 긴 설명보다 효과적이다.
- 시간약속을 중시하므로 이들과 약속했다면 꼭 지켜야 한다.
- 말이 없고 차분한 걸음걸이와 조용하고 냉정한 이미지이다.

2) 고객 유형별 응대법

유형	의사소통 스타일과 응대법
주도형	• 말이 빠르고 목소리가 크며 간단명료하게 말한다. • 주로 자신이 정해놓은 정답이 있다. • 빠른 답을 원하며 명령하는 스타일이다.
	• 간단명료하고 정확하게 응답한다. • 대우받는 것을 좋아하는 경향이 있으므로 고객에게 집중하고 고객의 의견에 동조한다. • 필요 없는 질문, 지나친 부연설명은 하지 않는다.
사교형	• 외향적인 유형으로 사람들과 우호적인 분위기에서 자신의 이야기를 하는 것을 좋아한다. • 상대방의 칭찬과 인정을 좋아한다. • 핵심 내용보다 설명을 더 많이 하는 스타일이다.
	• 요구를 수용하고 적극적인 관심과 친절한 태도를 보인다. • 사무적이거나 경직된 태도로 응대하지 않는다. • 유행에 민감한 경향이 강하므로 옷차림이 세련되거나 화려하다면 그 옷, 제품을 선택한 안목을 칭찬해 준다.
안정형	• 목소리가 작고 부드러우며 미소 띤 얼굴로 따뜻한 느낌을 준다. • 상대방과의 진정성 있는 소통을 선호하고 상대를 돕고 싶은 마음이 강하다. • 너무 빨리 결정하는 것을 선호하지 않는다. • 상대의 말을 잘 들어주는 유형이다.
	• 지나치게 큰 목소리로 성급히 다가가지 않는다. • 빨리 결정을 내리라고 재촉하지 않는다. • 고객의 입장을 배려하고 호응해 주며 따뜻하고 친절하게 응대한다. • 우호적이고 착한 고객이라고 소홀하게 대하지 않도록 신경 쓴다.
분석형	• 논리적이고 정확한 것을 선호한다. • 가벼운 농담이나 잡담을 좋아하지 않는다. • 내향적인 유형으로 이성적이며 지적인 것을 좋아한다.
	• 공손하고 예의바르게 다가간다. • 일정한 거리를 두고 충분한 여유를 가지고 대한다. • 설득할 일이 있다면 데이터나 자료를 가지고 설명하는 것이 좋다. • 간단명료하고 알기 쉽게 설명한다.

● 생각해 봐요

- 앞의 유형 중 자신에게 해당되는 유형은?

- 자신에게 해당되는 유형의 장단점을 적어본다.
  - 장점
  - 단점과 보완할 점

- 자신이 좋아하는 유형과 그 이유는?

Activity 함께 해 봐요!

고객서비스의 7가지 죄악 (The 7 Deadly Sins of Customer Service)

– 칼 알브레히트(Karl Albrecht)

- **무관심(Apathy):** '나와는 관계없다'는 식의 태도
- **무시(Brush-off):** 고객의 요구에 대해 무시하고 고객을 피하며 귀찮아하는 태도
- **냉담(Coldness):** 고객을 퉁명스럽고 불친절하게 대하는 등 냉담한 반응
- **건방떨기, 생색(Condescension):** 고객에게 생색을 내거나 건방진 태도로 응대
- **로봇화(Roboism):** 서비스가 정감이 없고 마치 기계처럼 응대하는 경우
- **규정 핑계(Rulebook):** 고객만족보다 회사의 규칙을 우선시, 예외를 인정하거나 상식을 생각하지 않는 태도
- **발뺌(Run around):** 고객의 불평불만에 대하여 대응하지 않고 '나는 모릅니다', '글쎄요...', '윗 분에게 물어보세요' 하는 식으로 대하고, 때로는 고객의 잘못으로 돌리는 경우

출처: 고객서비스의 7가지 죄악 | 곽숙철의 혁신이야기 중에서

- 위 내용을 읽고 떠오르는 경험이 있나요? 좋은 서비스를 위해서 어떻게 노력해야 할까요? 각자의 경험을 함께 나눈 후 소감을 공유합니다.

Chapter 12

스트레스 관리

CHAPTER 12

스트레스 관리

학습목표

1. 스트레스의 의미를 살펴 이해하고 그 원인을 알아본다.
2. 스트레스를 조절할 수 있는 생활 속 방법을 익힌다.

우리나라 사람들이 가장 많이 사용하는 외래어 1위가 바로 스트레스(stress)라는 연구 보고가 있었다. 우리는 일상생활 속에서 수많은 스트레스를 경험하며 살고 있다. 한국직무스트레스학회가 조사한 우리나라 직장인의 스트레스 경험 비율은 95%로 미국(40%)이나 일본(61%)보다 월등히 높은 수준이라고 한다. 또한 한 대학병원의 조사에 의하면 직장인 10명 중 1명은 우울증을 겪게 될 가능성이 높은 것으로 나타났다.

직장인은 스트레스의 원인을 업무와 관련된 스트레스의 가장 큰 원인으로 꼽았는데 업무 스트레스 외에도 동료, 고객, 거래처, 고용문제 등 수많은 요인으로 인해 스트레스를 경험하게 된다. 비단 직장인뿐만 아니라 연령, 성별에 상관없이 대부분의 사람들이 경험하는 스트리스는 일상생활을 하면서 당연히 따라오는 것이지만,

과도한 스트레스는 몸과 마음을 병들게 한다. 또한 스트레스는 본인뿐만 아니라 가족이나 주변에도 전달될 수 있으며, 직업 유지에 방해가 되기 때문에 중요하게 다루어져야 한다.

내가 받는 스트레스가 어느 수준인지, 스트레스를 다스리는 방법에는 어떤 것이 있는지 잘 알고 적절히 대처할 수 있다면 스트레스는 충분히 잘 관리할 수 있다. 따라서 이 장에서는 스트레스의 정의, 지각되는 스트레스 정도, 스트레스가 인체에 미치는 영향, 스트레스의 원인과 대처방안의 순으로 스트레스에 대해 이해하고 현명하게 대처하는 방법을 살펴본다.

1. 스트레스의 의미

1) 스트레스란?

스트레스(stress)는 '팽팽하게 죄다'라는 의미의 라틴어 Stringer에서 유래된 것으로 삶을 팽팽하게 죈다는 뜻이다. 마음의 안정이나 남과 어울려 사는 것에 큰 불편을 주는 육체적, 정신적 긴장 및 그러한 긴장을 유발하는 것들을 흔히 '스트레스'라고 한다.

또한 스트레스에 강하게 지속적으로 노출될 경우 정신적, 정서적 고갈 상태를 경험하는데 이를 소진(burnout)이라 한다. 소진 증상을 겪는 사람들은 주로 지속적인 긴장, 우울감, 의욕상실, 냉소적이거나 무관심의 태도를 보이며 자주 아프고 결석이나 결근을 자주하게 된다. 또한 알코올이나 담배와 같은 위안물에 점점 더 의존하게 된다.

이 장에서는 과도한 스트레스보다 일상에서 경험하게 되는 보편적인 범위의 불안과 스트레스를 다루도록 하겠다.

2) 불안한 뇌

스트레스가 너무 높으면 자신이 가진 역량을 다 발휘하기 어렵다. 불안과 스트레스가 너무 높아져 힘들다면 전문가를 만나서 조언을 얻어야 할 수도 있다.

스트레스의 생리적 특성을 살펴보자. 불안이나 긴장은 우리 신경계 중 하나인 자율신경계 중 교감신경계가 우세한 상태이다. 자율신경계(autonomic nervous system)는 우리가 의식적으로 통제하는 것이 아니라 상황이나 자극에 대해 알아서 순식간에 반응하는 신경계라서 자율신경계라고 부른다. 자율신경계는 다시 교감신경계(sympathetic nervous system)와 부교감신경계(parasympathetic nervous system)로 나뉜다.

교감신경계가 우세할 때는 근육이 긴장되고, 호흡이 빨라지며, 심장박동이 증가

하고, 손에 땀이 나고 소화가 되지 않고 혈압이 올라가는 등 온몸에서 동시다발적인 스트레스 현상이 나타난다. 교감신경계의 반응은 사람이 맹수를 만났을 때 일어나는 반응처럼, 위험에 대처하고자 하는 자동적인 반응이다. 위험에 대해 싸우거나 도망가야 하기에 우리 몸은 온몸에 에너지를 공급한 상태가 되는데, 자동차에 비유하자면 엑셀을 밟는 것과 같은 상태가 된다. 우리가 긴장하거나 불안한 상태가 바로 교감신경계가 우세한 상태이다.

지속적으로 스트레스 상황에 적응하자면 몸은 지치고 힘들기 때문에 우리 몸에는 균형을 잡는 역할을 하는 부교감신경계가 있다. 부교감신경계가 우세할 때 대개 우리는 마음이 편안하고 이완되어 있고, 느긋한 상태가 된다. 혈압은 내려가고, 호흡은 깊어진다. 자동차와 비교한다면 엑셀의 교감신경계에 비해 브레이크를 밟는다고 생각하면 된다.

그렇다면 긴장이나 불안에서 벗어나고자 할 때 부교감신경계를 활성화시키면 될 텐데, 그 방법을 익히는 것이 불안 조절법이 된다.

교감신경-엑셀

부교감신경-브레이크

3) 스트레스의 긍정적인 면

스트레스는 없애야만 하는 것일까? 꼭 그렇지는 않다. 스트레스에는 긍정적인 면이 있다. 하나는 집중에 도움이 된다는 것이다. 예를 들면, 어떤 이유에서 누가 뒤쫓아 온다면 높은 구두를 신고 있다는 것도 잊고 달리기에 집중하게 될 것이다. 즉, 당신이 느끼는 스트레스는 달리는 것에 초점을 맞추게 한다. 덜 불안하다면 달리기에 덜 집중하게 될 것이다. 시험을 볼 때 전혀 스트레스를 느끼지 않는다면 집중을 유지하지 못해서 잘 해내지 못할 수 있다. 따라서 스트레스의 긍정적인 측면은 스트레스 상황을 중요하게 여기고 집중력을 유지하게 해 준다는 것이다.

두 번째 긍정적인 면은 스트레스가 생리적으로 당신을 각성하게 한다는 것이다. 각성은 몸속의 에너지를 증가시키기 때문에 일을 더 많이 해낼 수 있게 해 주는 측면이 있다. 어떤 사람은 스트레스를 느낄 때, 전혀 느끼지 않을 때보다 그 결과가 더 좋다고 말하기도 한다. 발표나 노래하기 바로 직전, 또 면접에 들어가기 바로 직전에 어느 정도 스트레스를 느끼는 것은 긍정적이라 할 수 있다.

4) 스트레스의 속성

스트레스의 속성은 다음과 같다.

① 스트레스는 정서적, 감정적, 심리적인 영역뿐만 아니라 신체적인 영역에서도 나타난다.

② 스트레스는 지각하거나 경험하지 않으면 일어나지 않는다. 지각된 스트레스를 실제적(actual) 스트레스라고 하고 지각되지 않은 스트레스를 잠재적(potential) 스트레스라 한다.

③ 스트레스는 아주 없거나 너무 많을 경우에는 부정적(distress) 스트레스가 적정 수준으로 유익한 것은 긍정적(eustress) 스트레스로 구분된다.

④ 스트레스는 어느 정도 있느냐의 문제이므로 자신이 어느 정도의 스트레스를 경험하고 있는지를 측정해야 한다.

2. 나의 지각된 스트레스 정도

1) 스트레스 진단

다음의 문항들에 해당하는 내용을 최근 1개월 동안 얼마나 자주 느꼈는지 표시하시오.

〈전혀 없었다–0 / 가끔 있었다–1 / 자주 있었다–2〉

no.	문항	빈도
1	아침에 눈을 뜨는 게 두려운 적이 있다.	
2	늘 쫓기는 느낌이 든다.	
3	나에 대한 안 좋은 소리나 소문에 시달린 적이 있다.	
4	매사에 집중이 안 되고 일의 능률이 떨어진다.	
5	쉽게 부끄러워하고 상대방의 반응에 몹시 민감하다.	
6	식욕이 없어서 잘 안 먹거나 갑자기 폭식을 한다.	
7	일의 분배가 불공정하게 이루어진다고 생각한 적이 있다.	
8	기억력이 나빠지고 잘 잊어버린다.	
9	동료가 제멋대로 행동한 적이 있다.	
10	잠을 자는 시간이 가장 좋다.	
11	집안 식구들로부터 가정에 소홀하다는 소리를 들은 적이 있다.	
12	시간 약속 때문에 압박감을 느껴본 적이 있다.	
13	납득할 수 없는 요구 때문에 골치가 아프다.	
14	내가 하는 일이 지겹게 느껴진다.	
15	혼자 있는 것이 편하다.	

16	생각이 많아져서 일이 늦어진다.	
17	잠에 잘 못 들거나 깊은 잠을 못 자고 깨는 편이다.	
18	만사가 귀찮고 피로감을 자주 느낀다.	
19	강하다는 소리를 종종 듣는다.	
20	언동이 거칠어진다.	
21	동료와 말다툼을 한 적이 있다.	
22	나의 의견이 무시당한 적이 있다.	
23	남들과 터놓고 속 이야기를 하는 걸 꺼린다.	
24	업무 중 때로는 도망가고 싶다.	
25	나는 남들보다 특별했으면 좋겠다.	
26	느닷없이 화가 치밀어 오를 때가 있다.	
27	내 의지와는 전혀 상관없는 일을 한다.	
28	이직을 생각한 적이 있다.	
29	텔레파시, 육감, 사주를 믿는다.	
30	귀가 얇은 편이다.	

출처: 사회복무연수센터 셀프리더십 과목 스트레스 진단지

- 스트레스 진단 및 해석

0~15점: 현재 특별한 정서적 불편을 느끼지 않는 상태임

16~25점: 약간의 스트레스가 의심되며 예방책이 필요함

26~40점: 중증도 스트레스가 있으며 주변사람들의 적극적인 도움을 받아야 함

41~60점: 고도의 스트레스로 인해 반드시 전문적인 치료를 받아야 함

2) 스트레스가 인체에 미치는 영향과 초기 경고

(1) 스트레스가 인체에 미치는 영향

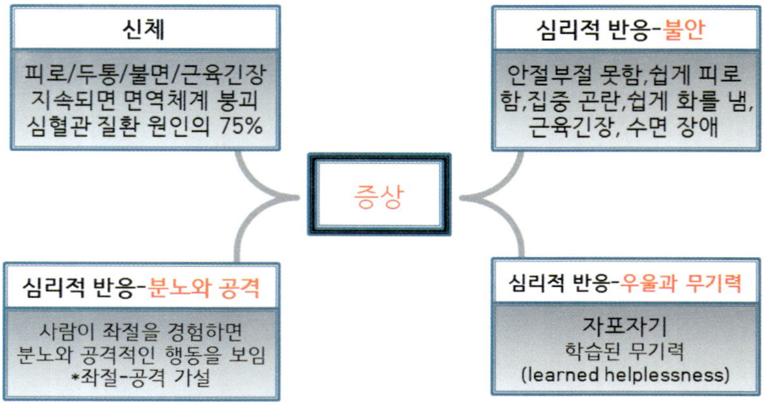

(2) 스트레스의 초기 경고

- 두통, 수면장애, 위장장애, 집중력 저하가 자주 있다.
- 조급해져 사소한 일에도 짜증이 난다.
- 일이나 주어진 상황에 대한 불만족감이 생긴다.

3. 스트레스의 원인

1) 스트레스의 외부 원인

(1) 생활환경의 변화

경제적, 사회적, 정치적 및 기술적인 변화와 불확실성(배우자의 사망, 이혼, 결혼,

해고, 입학, 경제사정의 변화 등)

(2) 물리적 변화

기후, 물, 공기, 주거 환경 및 직무환경(소음, 조명도, 온도, 공간 넓이) 등

(3) 그 밖의 상황적 원인

사람들 간의 사회적 관계에서 경험하는 요인들. 예를 들면 타인의 무례함, 타인과의 갈등, 가족 간의 문제 등

2) 스트레스의 내부 원인

(1) 비현실적인 동기

동기의 목표가 부적절하거나 과도하게 잡혀 있는 경우 일상에서 스트레스 반응을 유발하기 쉽다.

(2) 비합리적 신념

"나는 세상 모든 사람에게 사랑을 받아야 해!"하는 동기는 어쩌면 '나를 아는 모든 사람으로부터 사랑을 받아야만 가치 있는 사람이 되는 거야.'하는 믿음이 원인이 될 수 있다. 이러한 비합리적 신념은 좌절이라는 결과를 가져와 스트레스의 원인이 될 수 있다.

(3) 성격요인

개인의 성격 혹은 행동 특성에 따라 스트레스를 더 받는 경우가 있다. 스스로에게 과도한 목표 설정을 하고, 미리 걱정하며, 대인관계에서 경쟁적이고 적대적인

성향을 지닌 특성을 가진 사람들은 더 스트레스를 받을 확률이 높다. 또한 반대로 자기주장이 약하며 타인의 기대를 만족시키기 위해 노력하는 경향이 강한 억제적 유형도 만성 스트레스로 인해 면역반응 손상과 관련될 확률이 높다고 한다.

(4) 신체요인

몸과 마음은 연결되어 있기 때문에 몸이 아프면 스트레스가 증가될 수 있고, 스트레스의 반응으로 몸이 아플 수도 있다. 몸을 건강하게 관리하는 것만으로도 스트레스를 줄일 수 있다.

4. 스트레스 조절

1) 심호흡

심리적으로 불안하게 되면 사람들은 가슴에서 하는 흉식 호흡을 하게 되고 호흡은 얕아지게 된다. 반대로 사람들이 이완을 하게 되면 호흡은 자연스럽게 복부에서 나오게 되고 숨이 길어진다. 반대로도 가능하다. 즉, 호흡을 깊고 편안하게 하여 불안을 조절할 수도 있다는 것이다. 호흡하는 방법을 배워 스트레스 상황에서 실시하게 되면 교감신경계가 진정하는 효과를 얻을 수 있다.

- 편한 자세로 앉는다.
- 공기가 코로 들어 왔다가 나가는 것에 집중하면서 코를 통해 호흡한다. 4~5회를 한다.
- 배를 이용해 좀 더 깊이 숨을 쉬어본다. 처음에는 한 손을 아랫배 위에 얹고,

숨을 들이쉴 때 손이 위로 올라가고, 내쉴 때는 아래로 내려가는 것을 느껴보고 4~5회를 한다. 익숙해지면 손을 떼고 계속한다.

- 배 안에 풍선이 있다고 상상하면서, 매번 숨을 들이쉴 때 공기가 흘러들어 배와 허파를 채우는 것을 상상해 본다. 처음에는 배 안으로 먼저 갔다가 그 다음 가슴 꼭대기까지 올라가서 채우게 된다. 같은 방법으로 숨을 내쉴 때 공기가 허파에서 먼저 나와 그 다음 배에서 나오게 된다. 마찬가지로 4~5회 실시한다.
- 호흡 속도를 천천히 하기 위해 숨을 들이쉬고 내쉴 때마다, 천천히 셋을 세며 들이마시고, 넷을 세면서 숨을 내쉰다. 4~5회 실시한다.
- 날마다 5~10분간 연습해서 일상생활의 한 부분으로 만들도록 한다.

이 방법의 이점은 매우 쉽고 효과가 좋으며 언제 어디서나 할 수 있다는 점이다.

2) 오감 안정법

앞서 설명한 부교감신경계를 우세하도록 하자면 우리 몸에게 지금 여기가 위험한 곳이 아니라는 것을 알려주어야 한다. 교감신경계의 반응은 상황이나 자극이 위험하다고 판단될 때 순간적으로 일어나는 것이기 때문이다. 지금 여기의 상황을 알도록 하기 위해 할 수 있는 간단한 방법이 시각, 청각, 후각, 미각, 촉각이라는 우리 몸의 다섯 가지 감각을 이용하는 것이다. 우리 뇌에게 지금 여기에 존재하고 있다는 것을 알려주는 것이기 때문에 감각에 집중하는 것이 초점이다.

- 천천히 목을 돌려 주위를 돌아보며 보이는 것 세 가지를 알아차린다.
- 귀를 기울여 가까이나 멀리서 들리는 소리 세 가지를 알아차린다.
- 냄새 세 가지를 찾아 알아차린다.
- 내 손에 닿는 물건의 세 가지 특성을 알아차린다. 예를 들자면 '지금 내 옷은 조금 폭신하고 껄끄럽기도 하고 약간 따뜻하다'라는 식으로 알아차리면 된다.
- 입 안의 느낌, 즉 미각을 알아차린다. 대개 별맛이 느껴지지 않기도 하지만 알아차리려는 시도, 주의 전환 자체가 도움이 된다. 맛이 느껴지지 않으면 입 안의 매끄러운, 촉촉한 느낌과 맛을 알아차려도 된다.
- 이렇게 오감을 알아차린 뒤, 깊고 천천히 숨을 세 번 쉰다.
- 덧붙여 나의 현재 몸의 상태가 어떤지까지 찾아보자. 내 마음과 몸이 이전보다 편하다고 느껴진다면 그 감각에 집중하여 머물러 보아도 좋다. 더 깊은 안정감으로 이어질 수 있다.

3) 그라운딩 기법

그라운딩(grounding)이란 지면닿기라고 번역하기도 하지만 지면닿기를 통해 안정감을 갖도록 하는 것으로 안정화 기법으로 심리치료에서 쓰기도 한다. 앞에서 설명한 오감 안정법 역시 그라운딩 기법의 하나로 볼 수 있다. 오감 전부를 활용하지 않는다 해도 주변을 돌아보는 것만으로도 그라운딩에 도움을 받을 수 있다.

중력에 거스르지 않고 중력을 따라 내 몸을 내려놓는 것. 예를 들자면 의자에 닿아 있는 엉덩이를 의자에 더 내려놓아 의자 표면과 충분히 접촉하도록 하는 것, 누워있을 때 이불과 등의 접촉을 느끼면서 더 내려놓는 것 역시 그라운딩 방법의 하나이다.

특히 발바닥의 그라운딩을 살펴보자면 다음과 같다. 의자에 앉아 있을 때 지면과 닿는 곳은 내 발바닥이다. 사무실이나 강의실 바닥에 내 두 발바닥이 모두 닿도록 내려놓도록 한다. 다리를 꼬거나 발을 엑스자로 교차하여 발뒤꿈치를 드는 것이 아니라 바닥에 닿도록 하여 충분히 닿았는지 느껴본다. 발바닥으로 주의를 옮겨가도록 한다. 발바닥이 닿았는지를 더 느껴보도록 하자면, 왼쪽 발이나 오른쪽 발 중 어디가 더 닿았는지 느껴볼 수 있다. 똑바로 서 있다면 몸을 왼쪽으로 오른쪽으로 조금씩 기울여 보면서 발바닥의 안쪽 바깥쪽 중 어느 쪽이 더 잘 닿고 있는지를 느껴보는 것도 그라운딩할 수 있는 방법의 하나이다. 의자에 앉아서, 혹은 서서 그라운딩을 해볼 뿐 아니라 걸어가면서도 그라운딩을 할 수 있다. 옮기는 발 하나 하나에 주의를 기울여 걷도록 하는 것이다. 또는 발을 들고, 옮기고, 닿는 과정에 주의를 기울여, 왼발 들고 닿고, 오른발 들고 닿고 라고 생각하며 걷도록 한다.

앉아서 발바닥뿐 아니라 발, 그 다음에는 종아리나 허벅지를 포함하여 온 다리로 주의를 기울여 보면서 어떤 감각이 오기도 한다. 그런 감각은 우리 몸 안에서 느끼는 감각으로 몸 감각(felt sense)이라고도 한다. 처음에는 찾기 어렵지만, 조금 마음을 안정하고 느껴보자면 찾아낼 수 있는 것이다. 간지럽다든지, 따뜻하다든지, 무겁다든지, 찌릿하다든지 하는 등등의 감각들이다. 몸에서 이런 감각을 찾아내면 뇌는 좀 더 안정을 쉽게 찾아가게 된다. 특히 다리 쪽에서 찾아지는 몸의 감각은 마음이 안정되도록 돕는 데 아주 효과적이다.

의자에 앉아서, 혹은 서서 그라운딩을 해 볼 뿐 아니라 걸어가면서도 그라운딩을 할 수 있다고 하였는데, 이런 그라운딩의 방법을 실시는 평상시나 면접 시 불안감, 긴장감을 조절하는 데 도움이 된다.

4) 스트레스와 긴장의 인지적 조절

스트레스는 그 감정과 관련한 인지적 오류나 역기능적 신념을 확인하고 수정하여 다룰 수 있다. 앨리스에 따르면 우리가 어떠한 사건 때문에 화가 나는 것이 아니라 그 사건을 어떻게 받아들이느냐에 따라 화가 나는 것이다. 즉, 상황 그 자체보다도 그 상황을 자신이 어떻게 해석하느냐에 따라 감정이 달라진다. 우리는 우리의 감정과 생각을 다스릴 수 있다는 것을 잊지 말아야 한다. 우울한 감정과 분노, 불안이 올라온다면 그러한 감정의 원인을 찾아보는 것이 스트레스를 다스리는 데 도움이 된다.

스트레스를 받을 때 스스로에게 던져보면 좋을 질문들은 다음과 같다.

☑ 이 생각의 근거가 정확한가?
☑ 다른 관점은 없을까? 나는 지나간 불필요한 기억에 매달리고 있지는 않은가?
☑ 만일 그 생각이 맞다면 어떻게 될까?
☑ 문제를 위해 내가 할 수 있는 일은 무엇인가?

(1) 이 생각에는 근거가 있는가?

예를 들어, '내가 전에 만족스럽지 못한 결과가 나왔으니까 또 실패할 것이라는 생각을 뒷받침할 근거가 있는가'라는 질문을 스스로에게 던져본다. 아마 이런 결론에 증거는 거의 없을 것이다.

'나는 분명히 잘 하지 못할 거야, 실패할 거야'라는 생각을 하고 있다면 나의 이 생각에 근거가 있는지 찾아본다.

그러므로 이런 생각으로 들어가게 하는 불안은 당신의 생각일 뿐이다. 열 번을 실패했다고 해서 열한 번째에 반드시 또 실패한다는 증거는 없다.

(2) 다른 관점은 없을까?

과거의 실패를 다르게 볼 수는 없을까? 자신의 실패를 내가 능력이 안 되거나, 운과 실력이 없어서라고 보며 의기소침할 수도 있다. 하지만 지난번 실패한 것에는 여러 가지 다른 이유가 있을 수 있다. 어쩌면 정신적으로나 감정적으로 더 준비되지 않아서 성공하지 못했을 수있다. 나 자신도 괜찮았지만 다른 사람의 경험이나 준비가 더 좋아 그 사람이 선택되었을 수도 있다. 준비가 더 잘되었으니까 이번엔 전보다 더 잘할 수도 있다 모든 면엔 완전히 좋은 것과 완전히 나쁜 것만 존재하는 것은 아니다. 이 상황에서 긍정적인 이유도 찾아볼 필요가 있다.

(3) 만일 그 생각이 맞다면 어떻게 될까?

예를 들어 만일 면접에 합격하지 못한다면 어떤 일이 일어날 수 있을까 생각하게 된다. 이것은 당신이 잘못해서 그런 것이 아니라 면접이란 실수도 할 수 있고 오류가 있을 수도 있다. 면접이란 주관적인 것이라는 특징이 있기 때문이다. 면접을 잘 봤을 수도 있지만 경험과 자격이 더 적합한 사람이 있었을 수도 있다. 따라서 실패가 당신의 능력과 연관이 없을 수도 있다.

또한 면접의 결과는 당신을 한 사람으로서 평가한 것이 아니라 지원자나 그 일에 적합한가를 보는 것임을 생각해야 한다. 합격 불합격이 당신을 부족한 사람으로 만드는 것은 아니다. 실패자라서 떨어진 것은 아니다. 면접 탈락이 성격이나 능력에 대해 결론을 내려주는 것은 아니다. 면접 탈락이 당신 삶의 어떤 점을 말해 줄 수는 있어도 타고난 특징은 아니다. 면접 결과를 개인적인 것으로 연관 짓지 않는 것이 최선이다.

그렇다면 어떻게 해야 할까? 대답은 면접을 견딜만한 것으로 만드는 것이다. 익숙해진다면 두려움은 감소한다. 면접 연습을 많이 하여 면접에 익숙해지고 또 성공적인 경험을 몇 번 가진다면 면접에 덜 불안해질 것이다.

(4) 문제를 해결하기 위해 내가 할 수 있는 일은 무엇인가?

앞에서 살펴본 것처럼 우리가 어떠한 스트레스 상황에 대하여 생각을 바꾸게 되면 우리의 감정과 행동도 바뀌게 되고 결과도 달라진다. 나에게 닥친 스트레스 상황에 대해 내가 할 수 없는 부분과 할 수 있는 부분, 해야 할 부분을 생각해 보고 구체적인 해결방안을 정리한 후 우선순위에 따라 행동을 해 보자.

5) 스트레스 조절을 위한 자기 돌봄

스트레스 상태는 자존감에도 영향을 미친다. 장기간 지속되는 스트레스 상태를 관리하지 못하면, 자신에 대한 부정적인 평가가 생기거나 만성적인 무기력감, 우울감으로 인해 자신에 대한 긍정적인 평가나 효능감을 갖기가 어려워진다.

스트레스는 어떻게 조절하고 관리해야 할까? 스트레스 조절 방법은 개인에 따라 다르기도 하고 매우 여러 가지 방법으로 조절이 가능하다.

신체와 정서, 대인관계와 영적인 생활의 측면에서 자신을 어떻게 돌보는지 살펴보고, 영역별로 부족한 곳이 있다면 다음의 예시를 살펴보고 참고하여 노력해 보는 것도 좋겠다.

- 신체적 돌봄
  - 몸에 좋은 음식을 먹는다.
  - 운동한다.
  - 규칙적으로 식사한다.
  - 충분히 잔다.
  - 아프면 쉰다.

- 정서적 돌봄
  - 취미 활동을 한다.
  - 나의 강점과 성취를 인식한다.
  - 내 감정을 건강한 방식으로 표현한다(예: 대화, 일기쓰기, 예술활동).
  - 나를 편안하게 하는 일을 한다(좋아하는 영화 보기, 오래 목욕하기).
  - 웃을만한 일을 찾는다.
  - 힘든 것을 이야기한다.

- 사회적 돌봄
  - 오랜 친구와 연락하고 지낸다.
  - 멀리 있는 친구나 가족에게 전화 혹은 편지를 쓴다.
  - 필요하면 도움을 청한다.
  - 새로운 사람을 만난다.
  - 다른 사람과 즐겁고 신나는 활동을 한다.

- 영성적인 돌봄
  - 자연에서 시간을 보낸다.
  - 나를 돌아보는 시간을 따로 마련한다.
  - 명상한다.
  - 기도한다.

Activity 함께 해 봐요!

스트레스 대처방식에 관한 질문

- 스트레스를 받으면 주로 어떤 방법을 사용하는지 적어본다.

- 그 방법의 장단점을 생각해 본다.

- 나의 스트레스를 다스리는 데 도움이 될 만한 대처방법을 찾는다.

참고문헌

강현규, 김용태(2013). **뽑고 싶어 안달나게 하는 프레젠테이션 토론 면접법**. 나비의 활주로.

곽희정(2020). 간호대학생의 성격유형, 리질리언스 및 대학생활적응과의 관계. 건양대학교 석사학위논문.

김영애(2004). **사티어 의사소통훈련 프로그램**. 김영애가족치료연구소.

김정규(2015). **게슈탈트 심리 치료**. 학지사.

김종운, 박성실(2013). **인간관계심리학**. 학지사.

박상준, 문가경, 이영란(2014). 서비스 인카운터에서 화법유형이 서비스제공자와의 대화만족에 미치는 영향. 전북대학교 석사학위논문.

박주연(2019). **스튜어디스 면접의 기술**. 새로미.

박주희(2020). 관광산업 여성종사원이 지각하는 자기효능감이 직업적응 및 경력성공에 미치는 영향에 있어 칭찬의 조절효과에 관한 연구. Tourism Research, 45(2), 207-233.

박혜정(2014). **고객서비스 입문**. 백산 출판사.

백유미(2020). 성격강점 관련 연구 동향 분석. 학습자중심교과교육학회지, 20(11), 1009-1029.

스즈키 요시유키(2003). **칭찬의 기술**. 거름 출판사.

신명선, 장현진, 김효정(2016). 의사소통 기술 자기 인식. 한국언어치료학회 학술발표대회 논문집, 481-483.

심윤정, 고샛별, 최욱희, 이수명(2016). **서비스마인드와 글로벌 매너**. 양성원.

안정덕(2003). 복식호흡과 명상프로그램이 태권도 선수들의 스트레스 감소에 미치는 영향. 한국체육교육학회지, 8(2), 172-187.

안지선, 이미숙(2015). **취업과 진로**. 의학서원.

양아람, 서현령(2019). **옆집 언니가 알려주는 우울증 극복 설명서**. 청춘미디어.

윤병선, 이정원, 김천규(2020). MBTI 성격유형 및 특성에 따른 창직가정신에 관한 연구. 취업진로연구, 10(1), 119-138.

윤원호(2019). **실전 면접 노트**. 한올.

이윤현, 양은진(2012). 고객 성격유형별 효과적인 미용 상담시간에 관한 연구. 디용예술경영연구, 6(3), 21-30.

이의용(2014). 스무 살의 나의 비전. 학지사.

이자영, 남숙경, 최보영, 이지희, 박양민, 이상민(2009). 상담일반: 문화차에 의해 발생한 심리검사 문항의 번역오류: Rosenberg의 자아존중감 척도 8번 문항의 수정을 중심으로. 상담학연구, 10(3), 1345-1358.

이주현(2018). 멘붕 탈출법 십대를 위한 9가지 트라우마 회복스킬. 학지사.

이지연(2019). 7일 만에 합격하는 이지연의 공무원 면접 스피치. 메이트북스.

이지영(2014). 나는 왜 감정에 서툴까. 청림출판.

임창희(2015). 조직행동. 비앤엠북스.

장준호, 진춘화(2019). 대학생의 자기효능감과 취업 불안감에 미치는 영향: 학업스트레스의 조절효과를 중심으로. 아태비즈니스연구, 10(2), 99-116.

정문자(2007). 사티어 경험적 가족치료. 학지사.

진성현, 홍영식(2017). 항공객실학개론. 지식인.

최혜림(1999). 대학생의 자아존중감, 우울증, 가정적 자아와의 관계. 한국심리학회지: 상담과 심리치료, 11(2), 183-197.

한국청소년연맹(2006). 인간관계훈련의 이론과 실제. 양서원.

허희영(2009). 면접준비, 빠를수록 좋다. 웅진패스원.

홍경자(2007). 자기주장의 심리학. 이너북스.

홍경자(2016). 의사소통의 심리학. 이너북스.

홍경자, 정욱호, 최태산, 권선이(2016). 자존감을 심어주기. 홍경자심리상담센터 출판부.

Clara Hill(2006). 상담의 기술. 주은선 역. 학지사.

David Keirsey, Marilyn Bates(1984). 성격을 읽는 심리학. 행복한 마음. 정혜경 역(2006). Prometheus Nemesis Books.

David Kerisey, Marilyn Bates(1993). 나의 모습, 나의 얼굴. 김정택, 심혜숙, 임승환 공역(1993). 한국심리검사연구소.

Rosenberg, Morris(1985). Self-concept and psychological well-being in adolescence in the development of the self ed. by Robert L. Leahy, Academicn Press: New York.

S. Hirsh, J. Kummerow(1997). 성격유형과 삶의 양식. 심혜숙, 임승환 역. 한국심리검사연

구소.
Sibusio P.S. Mhlongo(2013). *Winning in Job Interviews: A Psychological Perspective.* Xlibris Corporation LLC.
Tafarodi, Romin W. and Swann, William B. Jr.(1995). Self-liking and self competence as dimensions of global self esteem: initial validation of a measure, *Journal of Personality Assessment*, 65(2), 322-342.
William Glasser(1995). 결혼의 기술. 우애령 역. 하늘재.

어세스타. 한국형 일반용 MBTI Form M 결과 프로파일
유니영 JSB 성격유형 검사지
이민식. Change 마음과 대화 기초 워크숍 교재 참조
정철상의 커리어노트(https://careernote.co.kr/2658)

찾아보기

저 / 자 / 소 / 개

▪ 서현경

경기대학교 서비스경영전문대학원 서비스컨설팅학 박사 수료
국민대학교 경영대학원 리더십과 코칭 mba 석사졸업
현) 국제대학교 항공서비스학과 전임교수

전) 숭의여자대학교 문헌정보학과 외래강사
전) 인하공업전문대학 항공운항과 외래강사
전) 인천재능대학교 항공운항서비스학과 외래강사
전) 한양여자대학교 유아교육과 외래강사

감 / 수 / 소 / 개

▪ 서현령

서현심리상담센터 대표
상담심리사 1급(한국상담심리학회)
표현예술심리상담사 1급
ISP(Integral Somatic Psychology) 프랙티셔너

ESSENTIAL

커뮤니케이션 스킬

1판 1쇄 인쇄 ― 2022년 1월 10일
1판 1쇄 발행 ― 2022년 1월 14일

저　　자 - 서현경
감　　수 - 서현령
발 행 인 - 강철원
발 행 처 - 양성원
주　　소 - 경기도 파주시 검산로 173번길 29-20
전　　화 - 031-946-3861(代)
팩　　스 - 031-946-3864
이 메 일 - tnwpub@naver.com
홈페이지 - tnwpub.co.kr
출판등록 - 2015년 8월 31일 제 2015-000211 호

ISBN 979-11-6126-409-7

정가 19,000원